TONGLEN

Der tibetische Weg, mit sich selbst
und anderen Freundschaft zu schließen

Pema Chödrön

TONGLEN

Der tibetische Weg, mit sich selbst
und anderen Freundschaft
zu schließen

Herausgegeben von Tingdzin Ötro

Arbor Verlag
Freiburg im Breisgau

Die Originalausgabe erschien 2001 unter dem Titel:
Tonglen: the path of transformation
bei Vajradhatu Publications, Halifax.

Deutsche Erstausgabe
3. Auflage 2024 der Neuausgabe 2016

Umschlaggestaltung und Satz: mediengenossen.de
Druck und Bindung: Memminger MedienCentrum Druckerei und Verlags-AG

Dieses Buch wurde auf 100% Altpapier gedruckt und ist alterungsbeständig. Weitere Informationen über unser Umweltengagement fnden Sie unter www.arbor-verlag.de/umwelt

www.arbor-verlag.de

ISBN 978-3-86781-182-8

Mögen alle fühlenden Wesen sich des Glücks und der Wurzel des Glücks erfreuen.

Mögen sie alle frei sein vom Leiden und der Wurzel des Leidens.

Mögen sie nicht getrennt sein von der großen Glückseligkeit ohne jedes Leiden.

Mögen sie verweilen im großen Gleichmut, frei von Leidenschaft, Zorn und Voreingenommenheit.

Inhalt

ANHANG

Vorwort

Seit einigen Jahren gibt Pema Chödrön nun Lojong-Seminare und unterweist Menschen in Nordamerika und Europa in der Praxis des Tonglen. Früher war die Übung des Tonglen in der Gemeinschaft von Shambhala International eine Praxis, die einem kleineren Kreis vorbehalten war. Sie durfte nur von jenen geübt werden, die das formelle Bodhisattva-Gelübde abgelegt hatten. Heute ist sie, zum großen Teil Dank der Lehrtätigkeit von Pema Chödrön, eine sehr viel weiter verbreitete Praxis geworden.

Es kommt vor, dass Menschen, die während eines Wochenendseminars ihre ersten Tonglen-Unterweisungen erhalten haben, danach praktisch auf sich selbst gestellt weiterüben müssen. Auch wenn sie sich durch die Unterweisungen inspiriert fühlen, mag es sein, dass es ihnen schwerfällt, sie allein zu Hause in die Tat umzusetzen. Dann kann es sein, dass sie den Mut verlieren und die Praxis vielleicht sogar ganz aufgeben. Das vorliegende Buch soll einerseits jenen helfen, die gerade erst mit der Praxis begonnen haben, und andererseits erfahreneren Praktizierenden ermöglichen, ihr gegenwärtiges Verständnis der Praxis zu vertiefen. Es wird auch für Meditationslehrer ein nützliches Nachschlagewerk sein.

Das Buch ist in erster Linie praxisorientiert, denn Pema hat die Sicht der Kultivierung von *Bodhichitta* und die ihr zugrundeliegende Philosophie bereits in anderen Büchern diskutiert. Wer diese Sicht weiter erkunden will, der sollte *Beginne, wo du bist* lesen (vor allem die Kapitel eins bis sechs) und *Geh an die Orte, die du fürchtest.*

Für Menschen in den Anfangsgründen der Praxis sind Begriffe, die ihnen nicht vertraut sein könnten, beim ersten Auftauchen kursiviert und im Glossar erklärt.

Die Autorin geht davon aus, dass Menschen, die dieses Buch lesen, bereits mit der Praxis der sitzenden Meditation, dem „Sitzen"*, vertraut sind, die für den rechten Zugang zur Übung des Tonglen eine wesentliche Voraussetzung ist. Wer es nicht ist, der findet die grundlegende Technik in allen früheren Büchern Pemas beschrieben; allerdings wäre es besser, sie in persönlichem Kontakt mit einem Meditationslehrer zu erlernen. Tonglen ist ursprünglich eine buddhistische Praxis. Doch da es eine Übung ist, die uns in Kontakt bringt mit der Essenz unseres Menschseins – Liebende Güte und Mitgefühl–, kann im Grunde jedermann davon profitieren. Sie kann von Anhängern jeglicher religiösen Tradition ausgeübt werden, ebenso wie von Menschen, die es vorziehen, keinem religiösen Weg zu folgen.

* Wenn im Zusammenhang mit Meditation (und in diesem Buch) vom „Sitzen" die Rede ist, so ist damit üblicherweise die formelle „Meditation im Sitzen", die „sitzende Meditation" oder „Sitzmeditation" gemeint. (Anm. d. Übers.)

TONGLEN

Der tibetische Weg mit sich selbst
und anderen Freundschaft zu schließen

Die Übung im Alltag besteht einfach darin, vollkommene Hingabe an und totale Offenheit für alle Situationen und Gefühle sowie für alle Menschen zu entwickeln – alles ganz und gar und rückhaltlos, ohne mentale Blockaden, auf eine Weise zu erfahren, bei der man sich niemals entzieht oder sich auf sich selbst zurückzieht.

Chögyam Trungpa Rinpoche

Tonglen im täglichen Leben

Alle fühlenden Wesen ohne Ausnahme besitzen *Bodhichitta*, also die angeborene Zartheit des Herzens, seine natürliche Neigung zu lieben und sich um andere zu kümmern. Um uns gegen die Erfahrung von Schmerz und Unbehagen abzuschirmen, haben wir jedoch im Laufe der Zeit massive Barrieren aufgebaut, die unsere Zartheit und Verletzlichkeit überdecken. Das führt dazu, dass wir oft der Entfremdung, Wut und Aggressivität anheimfallen und uns der Sinn des Lebens abhanden kommt – sowohl auf der individuellen als auch auf der globalen Ebene. Auf der ständigen Jagd nach dem Glück haben wir uns, ohne es zu beabsichtigen, nur noch größeres Leiden aufgeladen.

Tonglen, oder die Übung des Aussendens und Empfangens, kehrt diesen Prozess der Verhärtung und Abschottung um, indem es Liebe und Mitgefühl kultiviert. Statt vor Schmerz und Unbehagen davonzulaufen, nehmen wir sie in der Praxis des Tonglen voll und ganz zur Kenntnis und machen sie uns ganz zu eigen. Statt ständig auf unseren eigenen Problemen herumzureiten, versetzen wir uns in die Situation anderer Menschen und würdigen unsere gemeinsame Teilhabe am Menschsein. Dann beginnen die Barrieren zu schmelzen, und unser Herz und Geist fangen an, sich zu öffnen.

Bevor ich mich der formellen Tonglen-Praxis zuwende, möchte ich an einigen Beispielen aufzeigen, wie wir die Haltung des Tonglen in unser Alltagsleben integrieren können. Denn schließlich ist der entscheidende Punkt einzig und allein, wie wir unseren Alltag leben – ob wir es mit *Maitrī* * und Mitgefühl für uns selbst und für andere tun. Außerdem wird uns die formelle Praxis viel leichter fallen, wenn wir uns zuvor täglich in der allgemeinen Haltung des Tonglen geübt haben.

Trungpa Rinpoche empfahl seinen SchülerInnen immer, ihr Leben als ein Experiment anzusehen. Das sollte heißen: Seid neugierig, seid offen und ohne Erwartungen; dann seht zu, was geschieht, und lernt aus euren Erfahrungen. Aus diesem Grund schlage ich meinen SchülerInnen oft vor, sie sollten erst einmal einen begrenzten Zeitraum – sagen wir drei Monate oder ein Jahr – der Arbeit mit dem Tonglen-Ansatz widmen, um einfach herauszufinden, wie sich das auf ihr Leben auswirkt. Wir sollten allerdings nicht glauben, dass wir diese Praxis in einer derart kurzen Zeit meistern können. Im Grunde ist Tonglen eine Übung für den Rest unseres Lebens.

* Im deutschen Sprachraum ist die Pali-Transskription „Metta“ für den Sanskrit-Begriff *Maitrī* gebräuchlicher (Anm. d. Lekt.).

Sitzen als Grundlage

Ein guter Anfang für unsere Schulung in der Tonglen-Haltung ist es, wenn wir jeden Tag ein wenig Sitzen oder *Samādhi vipassyana* üben. Das ist ein Weg, uns über unseren gegenwärtigen Bewusstseinszustand klarzuwerden – so, als hielten wir uns selbst einen Spiegel vor. Insbesondere müssen wir Standhaftigkeit kultivieren, den Mut und die Geduld, einfach zu sitzen mit allem, was während der Meditation in uns aufsteigt. Ansonsten werfen uns die Emotionen, die das Tonglen hervorruft, nur allzu leicht von unserem Sitzkissen. Deshalb ist es immer angeraten, jede Tonglen-Übung mit Sitzen zu beginnen und abzuschließen. Auch wenn Sie gerade nicht auf dem Kissen sitzen oder sich in einer Meditationshalle befinden, können Sie mit der Übung von Achtsamkeit und Gewahrsein experimentieren.

Sie können diese Übung als ein Hilfsmittel benutzen, das Sie mit Ihrem Fühlen im gegenwärtigen Augenblick in Berührung bringt. Manchmal zum Beispiel, wenn ich allein bin oder mich in einer friedlichen Umgebung befinde – bei einem Spaziergang im Wald, während ich still aus dem Fenster meiner Hütte in die Ferne schaue oder auf einer Bank am Meer sitze –, lasse ich einfach ab von meinen Gedanken und versuche zu sehen, was darunter liegt.

Das ist in der Tat die Essenz der Achtsamkeitspraxis: immer wieder in die Unmittelbarkeit unserer gegenwärtigen Erfahrung zurückkehren und alles Nachdenken und Urteilen darüber loslassen. Wahrscheinlich werden Sie dann entdecken, dass da etwas übrig bleibt, wenn Sie all die Gedanken und Skripts haben fallen lassen. Was bleibt, ist die Unmittelbarkeit der Sinneswahrnehmungen – Sehen, Riechen, Tastsinn und so weiter – sowie ein Gefühl oder eine Stimmung.

So könnte das Gefühl unter Ihren Gedanken zum Beispiel eines von Selbsthass sein. Wenn Ihre Gedanken dann wieder hervorsprudeln, nehmen sie leicht die Form an von „schlecht, schlecht; gut, gut; du solltest, du darfst nicht". Sobald Sie merken, dass Sie solche Gedanken hegen, lassen Sie sie einfach los und kehren zur Unmittelbarkeit Ihrer Erfahrung zurück. Das ist an sich schon die Übung von *Maitrī,* des Sich-mit-sich-selbst-Anfreundens.

Wunschgebete sprechen

Ich bin ein großer Fan von Wunschgebeten. Meiner Auffassung nach sind sie eine große Hilfe auf dem Weg, weil sie uns helfen, in Kontakt mit unserer Motivation zu bleiben und *Bodhichitta* zu entwickeln. Die Lojong-Losung „Zwei Aktivitäten: eine zu Beginn und eine am Ende" empfiehlt uns, jeden Tag damit zu beginnen und abzuschließen, dass wir unsere Motivation, alle Barrieren aufzulösen, unser Herz zu öffnen und uns anderen Menschen zuzuwenden, bekräftigen. So könnten Sie jedes Mal ein Wunschgebet sprechen, wenn Sie morgens aufwachen und bevor Sie abends einschlafen. Sie können dabei Ihre eigenen Worte wählen oder ein traditionelles Wunschgebet wie die „Vier Grenzenlosen" oder das *„Bodhisattva-Gelübde"* sprechen (siehe das Kapitel „Tägliche Rezitationen", Seite 125).

Manchmal haben Sie vielleicht das Gefühl, dass die formelle Praxis des Tonglen Sie im Moment überfordert. Wenn das der Fall ist, könnten Sie einfach das Wunschgebet sprechen: „Möge ich eines Tages fähig sein, mein Herz ein wenig weiter zu öffnen, als es mir heute möglich ist." Gehen Sie auf diese Weise damit um, dann kommen keine Schuldgefühle und keine Selbstbezichtigungen ins Spiel. Das ist einfach der aufrichtige Wunsch zu wachsen.

Übung der Gleichheit

Die Übung der Gleichheit ist eine Art und Weise, eine Verbindung zu anderen fühlenden Wesen herzustellen und zu erkennen, dass wir alle in einem Boot sitzen. Es ist eine allgemein menschliche, schlichte Wahrheit, dass jedermann glücklich sein und Leid vermeiden möchte, genau wie wir selbst. So wie Sie selbst, will jeder Mensch Freude empfinden, akzeptiert und geliebt sein, respektiert und geschätzt werden für seine einzigartigen Qualitäten. Ein jeder möchte gesund sein und sich in seiner Haut wohlfühlen. So wie Sie selbst, will niemand ohne Freunde und einsam dastehen, von anderen verachtet werden, krank sein oder sich wertlos und deprimiert fühlen.

Die Übung der Gleichheit soll Sie immer dann, wenn Sie einer anderen Person begegnen, an diese einfache Tatsache erinnern. Sie denken: „Genau wie ich, wäre dieser Mensch gern glücklich; genau wie ich, möchte er nicht leiden." Sie können sich dafür entscheiden, dies einen ganzen Tag lang zu üben oder nur für eine Stunde oder fünfzehn Minuten. Ich schätze diese Übung sehr, weil sie die Schranke der Gleichgültigkeit gegenüber der Freude anderer Menschen, gegenüber ihrem persönlichen Schmerz und ihrer wundervollen Einzigartigkeit durchlässig macht.

In „Der Weg des Bodhisattva" betont der große indische Meister und Dichter Shântideva, wie wichtig es ist, über die Gleichheit von Ich und anderen auf diese Weise zu meditieren:

Bemühe dich zuerst, zu meditieren
Über die Gleichheit von dir selbst und anderen.
In Freude und Leid seid ihr gleich.
Behüte darum alle anderen genauso wie dich selbst.

Jeffrey Hopkins, der zehn Jahre lang Übersetzer des Dalai Lama war, erzählt folgende Geschichte über seine Reisen mit dem Dalai Lama im Westen. Wo immer sie hinkamen, pflegte der Dalai Lama auf Englisch zu sagen: „Jeder Mensch wünscht sich Glück und will nicht leiden." Zuerst dachte Jeffrey: „Warum sagt er das nur ständig", denn es schien ihm allzu simpel und gewöhnlich. Aber nach einiger Zeit begann die Botschaft tiefer in sein Bewusstsein einzusinken, und er dachte sich: „Ja, genau das ist es, was ich brauche!" Es ist ganz einfach – aber es ist auch zutiefst wahr … und es war genau die Art von Unterweisung, die er selbst nötig hatte.

Anfangs mag uns diese Praxis als Gemeinplatz und ziemlich seicht vorkommen. Aber glauben Sie mir: Sie ist ein wahrer Augenöffner. Sie macht uns demütig, weil sie uns unsere Gewohnheit, uns selbst für das Zentrum der Welt zu halten, vor Augen führt. Durch die Übung bestätigen wir, dass wir alle teilhaben am Menschsein; wir stellen eine überraschend intime Beziehung zu den anderen her. Sie werden so etwas wie Familienmitglieder für uns, und das trägt dazu bei, unsere Isolation und Einsamkeit aufzulösen.

Unser Herz öffnen

Die Übung des Öffnens unseres Herzens hat zwei Aspekte: Glück teilen und Schmerz annehmen. Das heißt zuerst einmal: Wenn in Ihrem Leben irgend etwas besonders Erfreuliches geschieht, dann wünschen Sie sich, dass andere an Ihrer Freude teilhaben können. Zum anderen heißt es: Wenn Sie irgendeine Form von Leiden erfahren, dann denken Sie, dass viele andere Menschen ebenfalls leiden, und Sie hegen den Wunsch, sie mögen frei sein vom

Leiden. Das ist das Wesentliche der Tonglen-Haltung: Sind die Umstände angenehm, denkst du an andere; sind die Umstände schmerzlich, denkst du an andere. Sollte diese Praxis das Einzige sein, woran Sie sich nach der Lektüre dieses Buches noch erinnern, so wird sie doch Ihr Leben und das aller Menschen, mit denen Sie in Kontakt kommen, bereichern.

Glück teilen

Wenn Sie in Ihrem Leben irgendeine Freude, irgendetwas Angenehmes erfahren – ob Sie sich an einem strahlenden Frühlingstag freuen, ein gutes Mahl genießen, mit einem niedlichen Haustier spielen oder unter einer wohltuenden heißen Dusche stehen –, dann nehmen Sie es bewusst wahr und genießen Sie es! Solche einfachen Freuden können uns viel Glück, Sanftheit sowie ein Gefühl der Erleichterung bescheren. Es gibt viele solcher flüchtigen goldenen Momente in unserem Leben, aber wir hasten gewöhnlich einfach über sie hinweg. Der erste Teil der Übung besteht einfach darin, innezuhalten, diese Momente bewusst wahrzunehmen und ganz auszukosten. Als Nächstes hegen Sie dann den Wunsch, auch andere Menschen mögen diese Freude erfahren. Wenn Sie das häufiger üben, werden Sie wahrscheinlich feststellen, dass Ihnen diese Augenblicke des Glücks und der Zufriedenheit immer häufiger auffallen.

Üben Sie auf diese Weise das Geben, dann gehen Sie nicht achtlos an Ihrem eigenen Glück und Ihrer eigenen Freude vorüber. Wenn Sie zum Beispiel eine Schüssel köstlicher Erdbeeren essen, dann denken Sie nicht etwa: „Ach, du solltest diese Erdbeeren eigentlich nicht derart genießen. Denk doch nur an all die armen Menschen, die nicht mal ein Stück Brot zu essen haben!“ Stattdessen können Sie denken: „Ahh! Was für eine herrliche Erdbeere. Selten so etwas Köstliches gegessen!" Sie können Ihre Erdbeere aus vollem Herzen genießen. Aber dann denken Sie: „Ich wünschte, jedermann könnte diese Freude teilen; ich hoffe, dass alle Menschen die Gelegenheit haben, sich ebenfalls an solcher Köstlichkeit zu freuen."

Sie könnten auch an einen persönlichen Besitz denken, der Ihnen viel Freude bereitet, etwa Ihren Lieblingspullover oder Ihre liebste Krawatte, und sich dann vorstellen, dass Sie diese Dinge Menschen schenken, denen Sie begegnen. Bei dieser Übung geht es nicht tatsächlich darum, etwas wegzuschenken, denn Sie arbeiten ja auf der Ebene der Imagination. Aber die Übung macht Sie aufmerksam auf Ihre Gewohnheit, an Dingen festzuhalten, sich zu verschließen und nicht mit anderen teilen zu wollen. Im Verlauf der Übung gewinnen Sie Zutrauen zu Ihrem inneren Reichtum – der Tatsache, dass Sie anderen stets sehr viel zu geben haben.

Treya Wilber beschreibt diese Art der Übung des Gebens in dem Buch *Mut und Gnade,* das von ihrem Kampf gegen eine tödliche Krebserkrankung berichtet. Sie hatte schon längere Zeit Tonglen geübt. Eines Tages verlor sie ein Halskettchen mit einem goldenen Stern, das ihre Eltern ihr geschenkt hatten; es war so etwas wie ein Glücksbringer für sie gewesen, und sie hatte es in ihren schwersten Zeiten während Chemotherapie und Operationen getragen. Als sie es nicht mehr wiederfinden konnte, schien ihr das ein schlechtes Omen zu sein, und sie war sehr niedergeschlagen. Aber aufgrund ihrer Übung des Tonglen kam ihr plötzlich die Idee, Millionen dieser Sterne zu visualisieren und sie allen Menschen, denen sie begegnete, zum Geschenk zu machen. Während sie auf diese Weise übte, wurden ihr all ihre Gewohnheitsmuster des Begehrens, Anhaftens und Festhaltens überdeutlich vor Augen geführt, und so begann sie alle Dinge wegzuschenken, sobald ihr auffiel, dass sie daran hing. Das half ihr zwar nicht immer, ihr Anhaften zu überwinden, aber durch diese Übung entwickelte sie Mitgefühl mit allen Menschen, die in einer ähnlichen Situation waren wie sie – die gute Absichten hatten, diesen aber nicht immer gerecht werden konnten. Mithilfe dieser Praxis sah sie durch persönliche Erfahrung ein, dass sie den Verlust des Sterns durchaus verschmerzen konnte, und, was noch wichtiger war, sie entdeckte, welche Freude es macht, vom Festhalten abzulassen und anderen etwas zu geben.

Schmerz annehmen

Der zweite Teil dieser Praxis ist für schon ein wenig fortgeschrittene Übende. Versuchen Sie sich deshalb erst dann damit, wenn Sie sich mit dem Grundgedanken anfreunden können. Wenn Sie etwas Unangenehmes, Schmerzhaftes oder Unerfreuliches erfahren, dann nehmen Sie es zuerst einmal aufmerksam zur Kenntnis. Dann wünschen Sie sich, alle anderen Menschen mögen vollkommen frei von diesen Dingen sein, und Sie stellen sich vor, dass Sie alles, was den Menschen Erleichterung verschaffen könnte, zu ihnen aussenden.

Wenn Sie sich zum Beispiel niedergeschlagen fühlen, dann sagen Sie sich selbst: „Da ich mich sowieso niedergeschlagen fühle, möge ich dieses Gefühl vollkommen annehmen, so dass andere Menschen davon frei sein können." Oder: „Wenn ich schon Zahnschmerzen habe, möge ich sie völlig annehmen, so dass andere Menschen davon frei sein können." Senden Sie dann das Gefühl der Linderung des Schmerzes zu ihnen aus. Tun Sie das ganz einfach, ohne sich viele Gedanken über die Logik dieser Übung zu machen.

Manch einem mag es so vorkommen, als verlange diese Art von Austausch etwas viel. Ich präsentiere diese Übung hier trotzdem, denn ich persönlich finde, dass sie uns viel Kraft geben kann. Sie verwandelt den Abscheu und die Paranoia, die wir gewöhnlich allem Unangenehmen gegenüber empfinden – das Gefühl, dass wir das Opfer sind –, und wir benutzen sie als Antrieb zum Erwecken des Herzens.

„Verkehrsstau-Tonglen" ist eine besondere Variante dieser Übung. Wir arbeiten dabei mit all den unangenehmen Gefühlen, die uns überkommen, wenn wir in einem Verkehrsstau feststecken oder vielleicht in einer langen Schlange an der Kasse im Supermarkt stehen: Ärger, Empörung, Ungeduld, Nervosität, die Angst, einen Termin zu verpassen. Zuerst schauen Sie sich um und machen sich klar, dass all die anderen, die ebenfalls im Stau feststecken, das gleiche empfinden wie Sie. Dann atmen Sie das, was Sie fühlen, vollkommen ein und senden ein Gefühl der Entspannung und Erleichterung aus – für sich selbst und für alle anderen im Stau. Sie vergegenwärtigen sich, dass sie als Menschenwesen alle im selben Boot sitzen. Jedermann baut Barrieren um sich herum auf und fühlt sich aufgrund der unangenehmen Gefühle im Verkehrsstau mehr und mehr von den anderen isoliert. Also kehren Sie die Situation um und machen sie zu etwas, das Sie mit all den anderen Menschen verbindet, die in ihrem Auto festsitzen. Plötzlich werden sie dann, wenn Sie sich umschauen, alle zu menschlichen Wesen.

Tonglen im Augenblick

Diese Übung ist im Grunde die Essenz der Tonglen-Haltung. Da ich sie für mich selbst als sehr hilfreich erfahren habe, empfehle ich sie allen meinen Schülern. Auch wenn Sie sich entscheiden, die formelle Tonglen-Praxis nicht auszuüben, können Sie diese Übung im Augenblick jederzeit durchführen. Wenn Sie sich einmal daran gewöhnt haben und sie regelmäßig üben, wird die formelle Tonglen-Praxis wirklicher und bedeutsamer für Sie werden.

Dies ist eine Übung, die Sie in vielen konkreten Situationen des Alltagslebens anwenden können. Immer wenn Sie sich mit einer Situation konfrontiert sehen, die Ihr Mitgefühl weckt oder die schmerzlich oder schwierig für Sie ist, können Sie für einen Augenblick innehalten, das Leiden, das Sie sehen, einatmen und ein Gefühl der Erleichterung ausatmen. Das ist ein einfacher und direkter Vorgang. Anders als in der formellen Praxis beinhaltet diese Übung keine Visualisierungen und Stufen. Es ist ein ganz schlichter und natürlicher Austausch: Sie sehen ein Wesen leiden, Sie nehmen das Leiden mit dem Einatmen in sich auf, und Sie senden mit dem Ausatmen Linderung aus.

Sie könnten zum Beispiel in einem Supermarkt sehen, wie eine Mutter ihre kleine Tochter ohrfeigt. Es tut Ihnen weh, das mit ansehen zu müssen, aber Sie können in dem Moment nichts sagen oder dagegen tun. Ihr erster Impuls könnte sein, sich unangenehm berührt abzuwenden und zu versuchen, die Sache einfach zu vergessen. Aber in dieser Übung wenden Sie sich nicht ab. Sie machen vielmehr Tonglen für das kleine Mädchen, das zu weinen begonnen hat, sowie für die wütende Mutter, die mit den Nerven am Ende ist. Sie können ein allgemeines Gefühl der Entspannung und Offenheit aussenden oder etwas Spezifischeres wie eine Umarmung, ein freundliches Wort, oder was immer Ihnen in diesem Augenblick angemessen erscheint. Das ist kein sonderlich begrifflicher Vorgang – es geschieht beinahe spontan. Wenn Sie auf diese Weise auf eine schmerzliche Situation eingehen und dabeibleiben, dann kann sie Ihr Herz öffnen und zu einer Quelle des Mitgefühls werden.

Sie können auch Tonglen im Augenblick üben, wenn starke Emotionen in Ihnen aufwallen und Sie nicht wissen, wie Sie damit fertigwerden sollen. Sie mögen zum Beispiel einen unschönen Streit mit Ihrem Partner oder am Arbeitsplatz mit Ihrem Chef haben. Man schreit Sie an, und Sie wissen nicht, wie Sie reagieren sollen. In dieser Situation fangen Sie einfach an, die schmerzlichen Gefühle einzuatmen und ein Gefühl der Weite und Entspannung mit dem Ausatem auszusenden – für Sie selbst, für die Person, die Sie anschreit, und für alle Menschen, die sich in einer ähnlich schwierigen Situation befinden. Natürlich müssen Sie irgendwann auf die Person reagieren, die Sie anschreit, aber wenn Sie derart etwas Raum und Wärme in die Situation einbringen, werden Sie wahrscheinlich geschickter damit umgehen können.

Sie können diese Übung auch ausführen, wenn Sie eine Blockade gegen das Sich-Öffnen und die Entwicklung von Mitgefühl verspüren. Sie begegnen zum Beispiel einem Obdachlosen auf der Straße, der Sie anbettelt und der ein Alkoholiker zu sein scheint. Obwohl Sie sich darum bemühen, mitfühlend zu sein, wollen Sie sich unwillkürlich abwenden, fühlen sich abgestoßen und wollen nichts mit ihm zu tun haben. An diesem Punkt können Sie beginnen, Tonglen für sich selbst auszuführen und für alle Menschen, die gern offen sein möchten, sich aber für die Außenwelt verschlossen haben. Sie atmen dieses Gefühl des Zumachens ein, ihr eigenes und das aller anderen Menschen. Dann senden Sie ein Gefühl der Weite und Entspannung und des Loslassens aus. Wenn Sie sich blockiert fühlen, so ist das kein Hindernis für die Übung von Tonglen – es ist ein *Teil* der Übung. Sie arbeiten mit dem Gefühl des Blockiertseins, und es wird für Sie zu einem Keim des Erwachens Ihres Herzens und zu einer Verbindung mit anderen Menschen.

Tonglen auf der Straße

Diese Übung besteht darin, die Straße entlangzugehen, vielleicht nur ein oder zwei Häuserblocks weit, in der Absicht, für jeden, dem Sie begegnen, so offen wie möglich zu bleiben. Auf diese Weise schulen Sie sich darin, ehrlicher mit Ihren eigenen Gefühlen umzugehen und emotional zugänglicher für andere zu sein. Während Sie so die Straße entlanggehen, könnten Sie Ihre Körperhaltung entspannen und das Gefühl haben, dass die Gegend um Ihr Herz und Ihr Brustkorb sich öffnen. Wenn Sie an anderen Menschen vorübergehen, dann mögen Sie sogar eine subtile Verbindung zwischen deren Herz und Ihrem eigenen spüren, so, als seien Sie beide durch eine unsichtbare Schnur miteinander verbunden. Sie können im Vorübergehen denken: „Mögest du glücklich sein!" Der wichtigste Punkt ist, dass Sie dieses Gefühl der Verbundenheit mit allen Menschen empfinden, denen Sie begegnen.

Sollten Sie sich irgendwie bloßgelegt fühlen und sich genieren, die Übung auszuführen, dann nehmen Sie das einfach zur Kenntnis und machen sich klar, dass die anderen Menschen wahrscheinlich ähnlich empfinden wie Sie selbst. Ihnen mag auffallen, wie die Menschen Sie für einen Moment anschauen, während sie näherkommen – meist aus sicherer Distanz, so dass es nicht zu sehr auffällt –, in einer automatischen Geste der

Zuwendung. Vielleicht warten diese Menschen ja nur auf jemanden, der freundlich zu ihnen ist und sie begrüßt, jemanden, zu dem sie einen echten Kontakt herstellen können. Kommt Ihnen das vielleicht bekannt vor?

Während Sie den Menschen so begegnen, werden Sie sich in jedem Fall Ihrer Gedanken und emotionalen Reaktion ihnen gegenüber bewusst. Achten Sie darauf, ob Sie ein Gefühl der Zuneigung, der Abneigung oder der Indifferenz gegenüber den Menschen empfinden, an denen Sie vorübergehen. Aber fügen Sie dem nicht noch irgendeine Selbstbeurteilung hinzu. Vielleicht lächelt irgendjemand Sie an, und Sie fühlen sich sofort leichter und können sich weiter öffnen. Oder Sie sehen jemanden, der deprimiert dreinschaut, und das könnte ein Gefühl der Zärtlichkeit und des Mitgefühls in Ihnen auslösen.

Achten Sie darauf, wann Sie beginnen, sich zu verschließen oder sich zu öffnen. Doch wenn Sie merken, dass Sie sich verschließen, dann verurteilen Sie sich nicht dafür. Sie können dann einfach Mitgefühl mit all den Menschen empfinden, die sich ebenso verschließen, wie Sie selbst es tun, und die doch so gern offener wären. Genauso können Sie sich wünschen, jedes Gefühl der Erleichterung und der Freude, das während Ihres Spaziergangs in Ihnen aufsteigt, mit den Menschen zu teilen, denen Sie begegnen.

Sich an die Stelle anderer versetzen

Diese Übung des Tauschens mit anderen wird in Shântidevas „Der Weg des Bodhisattva" vorgestellt. Es ist eher eine Kontemplationsübung, und anders als beim Tonglen wird diese Übung nicht mit dem Ein- und Ausatmen synchronisiert. Diese Praxis kann Ihnen nicht nur helfen, sich für die sogenannten „neutralen“ oder „indifferenten“ Menschen in Ihrem Leben zu öffnen und Mitgefühl mit ihnen zu empfinden – sie hilft auch bei denen, mit denen Sie wirkliche Schwierigkeiten haben.

Zuerst stellen Sie sich die Person, mit der Sie arbeiten wollen, möglichst lebhaft vor. Fühlen Sie sich so weit wie möglich in sie ein, und versetzen Sie sich für eine Weile an ihre Stelle. Versuchen Sie die Welt so zu sehen, wie diese Person es tut. Was fühlt sie? Was wünscht sie sich? Wovor fürchtet sie sich? Wenn Sie anderen Menschen ein derart großes Interesse entgegenbringen, dann können Sie bei der Entwicklung von Anerkennung und Fürsorge für diese Menschen sehr weit vorankommen.

Schließlich gehen Sie noch einen Schritt weiter und denken, dass Sie diese Person sind und die Person ist Sie. Sie versetzen sich an ihre Stelle und sehen sich selbst nun so, wie diese Person Sie sieht. Wie also sieht diese Person Sie? Nur als eine neutrale Person, als einen potenziellen Freund, als Feind, als überheblichen Menschen, als warmherzigen Menschen? Was bekäme diese Person gern von Ihnen: eine freundliche Umarmung, ein ermutigendes Wort, ein offenes und aufmerksames Ohr, die Anerkennung ihrer Intelligenz, eine Entschuldigung, Vergebung?

Indem Sie derart mit anderen tauschen, entdecken Sie, das diese Menschen sich im Grunde genau dasselbe wünschen wie Sie selbst. In diesem Sinne sind Sie und andere gleich. Vielleicht wird Ihnen auch klar, dass Sie diese Menschen niemals zuvor wirklich gesehen oder ihnen zugehört haben, dass Sie ihnen keine Anerkennung geschenkt oder sie nie wirklich fair behandelt haben. Auf der Grundlage dieses neuen Verstehens können Sie sich diesen Menschen bei ihrer nächsten Begegnung möglicherweise leichter öffnen.

Tonglen auf dem Kissen

Beim Kultivieren von *Bodhichitta* gehen das Sitzen und Tonglen immer Hand in Hand. Auch wenn ein enger Zusammenhang zwischen dem Sitzen und dem Tonglen besteht, so sind sie doch vom Ansatz her verschieden. Das Sitzen ist eine grundsätzlich nichtkonzeptuelle Übung; man wird dabei der aufsteigenden Gedanken und Gefühle gewahr und lässt dann von ihnen ab. Tonglen dagegen nutzt Konzepte, Bilder, Erinnerungen und Emotionen zur Entwicklung von Mitgefühl.

Beim Sitzen schult man sich darin, die traumhafte und substanzlose Natur all jener Dinge zu sehen, die in unserem Bewusstsein auftauchen – unserer persönlichen Dramen, Hoffnungen und Ängste, Pläne und Fantasien sowie der mentalen Strategien zum Erlangen von Annehmlichkeiten und Sicherheit –, und von Begriffen und Konzepten abzulassen. Wir betrachten die Gedanken und Emotionen aus der Perspektive des Absoluten *Bodhichitta* und der *Shūnyatā*. Das Sitzen ist eine sehr profunde Praxis, doch es hat einen potenziellen Nachteil. Man kann es nämlich auf sehr subtile und unbewusste Weise dazu benutzen, sich der Konfrontation mit unangenehmen Gedanken und Gefühlen zu entziehen oder diese zu unterdrücken, um so ein Gefühl des Friedens und der Gelassenheit zu erzeugen.

Tonglen ist viel begrifflicher als das Sitzen; es gleicht eher einer kontemplativen Praxis. Man könnte sagen, dass es mehr auf das Handeln ausgerichtet ist, denn man benutzt dabei die Gedanken und Bilder als „Feuerholz" für die Praxis. Ja, man lädt geradezu unangenehme Gefühle ein oder provoziert sie, um dann mit ihnen arbeiten zu können. Zuerst benutzt man Begriffe und Bilder, um mit starken Gefühlen und Erinnerungen in Kontakt zu kommen. Dann lässt man die Begriffe fallen und benutzt die Gefühle und Erinnerungen methodisch zum Erwecken von Mitgefühl. Anders als beim Sitzen, versucht man hier nicht, die Gedanken und Gefühle von einem absoluten Standpunkt aus zu betrachten und sie alle als ungreifbar und substanzlos zu erkennen. Ganz im Gegenteil: Wir ringen mit den gewöhnlichen Problemen des Alltagslebens und arbeiten mit den vielen Möglichkeiten, in ihnen steckenzubleiben.

Natürlich sind Sitzen und Tonglen in vielerlei Hinsicht ähnlich. Bei beiden Übungen sitzen wir auf einem Meditationskissen, entweder zu Hause oder in einer Meditationshalle mit anderen Menschen. Die Umgebung ist relativ still und abgeschirmt, so dass wir es uns erlauben können, zu entspannen und mit unserem Herz und Geist zu arbeiten. Eine gute Sitzhaltung ist für beide Übungen wichtig. Im Tonglen hält man sich an dieselben *Sechs Punkte guter Haltung* wie beim Sitzen; allerdings können beim Tonglen die Augen entweder offen oder geschlossen sein.

Im Allgemeinen sollte man mit der Übung des Sitzens bereits gut vertraut sein, bevor man die formelle Tonglen-Praxis auf dem Kissen aufgreift. („Tonglen im Augenblick“ ist jedoch etwas anderes. Man kann es zu jedem Zeitpunkt im täglichen Leben üben, wann immer es uns angebracht erscheint.) Das Sitzen ist eine wesentliche Grundlage für das Tonglen, denn man entwickelt dadurch einen unerschütterlichen Geist, der in der Lage ist, beim gegenwärtigen Augenblick zu bleiben und bei allem, was darin auftaucht. Deshalb ist es ratsam, vor und nach jeder Tonglen-Übung zu sitzen. Sie könnten zum Beispiel für zwanzig Minuten sitzen, dann fünfzehn Minuten Tonglen praktizieren und danach wieder zwanzig Minuten sitzen.

Als Trungpa Rinpoche seine Schüler mit der Übung bekanntzumachen begann, ließ er sie eine halbe Stunde am Stück Tonglen üben. Ich habe jedoch festgestellt, dass das den meisten Menschen ziemlich schwerfällt. Deshalb schlage ich jetzt vor, Tonglen für fünfzehn Minuten am Stück zu praktizieren – aber das ist keine feste Regel. Wenn Sie sich mit der Praxis angefreundet haben und sich inspiriert fühlen, sie länger zu üben, dann ist das in Ordnung. Bei der Tonglen-Übung in einer Gruppe sind gewöhnlich nicht mehr als fünfzehn Minuten dafür veranschlagt.

Eine Liste machen

Ganz gleich, wie viel Mitgefühl sie in ihrem täglichen Leben empfinden – die meisten Menschen „trocknen aus“, sobald sie Tonglen zu üben beginnen. Sobald die Glocke ertönt, ist ihr Kopf plötzlich leer, und es gelingt ihnen nicht, sich ein Thema für ihre Übung vorzustellen. Aus diesem Grunde schlage ich vor, dass Sie sich eine ständig aktualisierte Liste der Menschen, Tiere oder Situationen machen, mit denen Sie während Ihrer Übung arbeiten wollen. Indem Sie sich diese mithilfe der Liste in Erinnerung rufen, können Sie augenblicklich eine Verbindung herstellen zu den Gefühlen der Liebenden Güte und des Mitgefühls, die bereits in Ihnen vorhanden sind, und auf dieser Basis das *Bodhichitta* weiter ausbauen.

Vielleicht erstellen Sie ja zwei Listen. Die eine könnten Sie „Liebe und Dankbarkeit" nennen, die andere „Mitgefühl". Auf die erste Liste setzen Sie Menschen, denen gegenüber Sie ganz natürlich Liebe und Dankbarkeit empfinden, also Menschen, die Sie gern haben. Wann immer Sie an diese Menschen denken, kommen Sie ganz natürlich mit dem frei fließenden Gefühl von Liebe, Dankbarkeit und Zartheit in Kontakt. Auf diese Liste müssen Sie nicht nur Namen von Menschen eintragen – es können auch Tiere sein. Es könnte auch ein Verstorbener sein, der Ihnen sehr viel bedeutet. Genauso könnte es ein Mensch sein, dem Sie nur einmal begegnet sind, den Sie aber nicht wieder vergessen haben, weil er Ihnen in einem Moment, wo Sie dringend jemanden brauchten, eine große Freundlichkeit erwiesen hat. Es kann sogar jemand sein, den Sie nie getroffen haben, der Sie in Ihrem Leben jedoch so tief inspiriert, dass Sie das Gefühl haben, ihn sehr gut zu kennen. Lassen Sie den Mut nicht sinken, wenn Ihnen zuerst niemand einfällt. Bewahren Sie einfach einen offenen Geist. Selbst *ein* Name auf der Liste reicht schon.

Auf die zweite Liste setzen Sie die Namen von Menschen oder Tieren, für die Sie ganz von selbst Mitgefühl empfinden, wenn Sie an sie denken. Mitgefühl ist der spontane und zutiefst empfundene Wunsch, den Schmerz und das Leiden dieser Menschen, seien sie physischer oder geistiger Natur, zu lindern. Sie können Individuen nehmen oder eine allgemeine Kategorie wie etwa missbrauchte Kinder, zu Laborversuchen verwendete Tiere oder Menschen, die an Aids oder Krebs sterben.

Als kleiner Junge sah Trungpa Rinpoche einmal vom Dach seines Klosters eine Gruppe von Menschen, die johlend einen jungen Hund steinigten. Danach musste er nur noch an diesen jungen Hund denken, um für die Tonglen-Praxis sein Mitgefühl zu aktivieren. Wichtig ist einzig und allein, an etwas zu rühren, das wirklich das Mitgefühl hervorruft, welches Sie bereits in sich tragen.

Die vier Abschnitte

Wenn Sie Tonglen als formelle Meditationspraxis üben, dann hat die Übung vier Abschnitte:

- ein Gefühl der Offenheit aufblitzen lassen
- mit der Beschaffenheit von Klaustrophobie und Frische arbeiten
- mit den besonderen Menschen und Situationen in unserem Leben arbeiten
- die Übung auf andere ausweiten

Zu Beginn einer Übung versichern Sie sich zuerst einmal, dass Sie in guter Haltung sitzen. Sie können kurz die Sechs Punkte guter Haltung durchgehen. Spüren Sie, dass Ihr Körper stabil auf der Erde ruht und Ihr Kopf mit dem Himmel über Ihnen verbunden ist. Ein weiter und offener Brustkorb wird Ihnen helfen, mit den warmherzigen Qualitäten von Liebe und Mitgefühl in Kontakt zukommen.

Erster Abschnitt

Der erste Abschnitt besteht darin, ein Gefühl der Offenheit aufblitzen zu lassen – ein offenes Herz und einen offenen Geist. Das hält nur wenige Sekunden an. Der Tradition nach heißt das „Absolutes *Bodhichitta* aufblitzen lassen". Eine der Lojong-Losungen, „Ruhe in der Natur des Âlaya, der Essenz", bezieht sich auf diesen Abschnitt; Âlaya steht hier für die absolute offene und weite Natur des Geistes.

Die Absicht, Offenheit aufblitzen zu lassen, besteht darin zu erkennen, dass uns jederzeit sehr viel Raum zur Verfügung steht. Selbst inmitten kriegerischer Auseinandersetzungen, inmitten von Gewalt in der Familie, inmitten einer Hungersnot ist immer Raum vorhanden – und wir können uns dessen bewusst werden. Ein Bild für diese Offenheit ist der weite blaue Himmel. Auch wenn er gerade von dicken dunklen Wolken verdeckt ist, ist das blaue Firmament immer vorhanden. Dieser erste Abschnitt soll uns also mit dieser umfassenderen Sicht der Dinge in Verbindung bringen – dem Blick eines Astronauten in der Weite des Weltraums auf die Erde.

Einige Menschen benutzen gern ein Bild, um den Kontakt zur Empfindung dieser Offenheit herzustellen. Sie stellen sich vor, in den klaren blauen Himmel zu schauen oder am Ufer eines riesigen Ozeans zu stehen. Manche Menschen rufen sich den unverstellten Blick von einem Berggipfel über eine weite Landschaft in Erinnerung. Wieder andere stellen sich vor, in einem Flugzeug zu sitzen und den Blick aus dem Fenster über einen endlosen Wolkenteppich im weiten Himmel schweifen zu lassen. Sie können jedes Bild verwenden, das eine Empfindung der Weite in Ihnen hervorruft, das Gefühl, nicht in Ihrer engen Welt festzusitzen.

Eine Bekannte von mir benutzte immer ein besonders lustiges Bild. Zuerst stellte sie sich vor, dass über jedermann in der Meditationshalle eine Sprechblase schwebte, wie man sie aus Comic-Heften kennt. Diese Sprechblasen waren angefüllt mit all den Gedanken, die diese Menschen gerade dachten. Dann stellte sie sich vor, dass alle im selben Augenblick ihre Gedanken als „Denken" benannten und die Sprechblasen sich spontan auflösten. Das hinterließ eine sehr tiefe Empfindung der Stille: ein völlig ruhiger Raum, in dem sich durch das Verschwinden allen Denkens eine noch größere Stille ausbreitete.

Wenn Sie mit einer Gruppe von Menschen praktizieren, dann können Sie beim Klang der die Meditationsrunde einläutenden Glocke Offenheit aufblitzen und ihren Geist zur Ruhe kommen lassen. Der Zeitraum, in dem der Glockenton langsam verklingt, reicht in etwa aus für das Aufblitzenlassen der Offenheit.

Der Abschnitt des Aufblitzenlassens von Offenheit oder des Absoluten *Bodhichitta* ist relativ kurz. Aber er ist in einem gewissen Sinn das Ziel und die Essenz der Praxis selbst. Wir streben danach, unter allen Umständen unseres Lebens – wie schwierig sie auch sein mögen – offen zu sein und uns nicht zu verschließen. Es ist also notwendig, von Anfang an den Kontakt zur Möglichkeit dieser Offenheit zu halten. Wenn wir dann in der Übung beginnen, mit den schmerzlichen Situationen zu arbeiten, ist es weniger wahrscheinlich, dass wir von ihnen überwältigt werden. Wir wissen nämlich – zumindest intellektuell –, dass sie sich alle in einem weitaus größeren Raum abspielen. Wenn wir im Verlauf der Übung im Sumpf steckenbleiben, dann könnten wir für einen Augenblick diesen ersten Abschnitt wieder aufblitzen lassen. Ja, im Grunde wäre es gut, wenn wir das Gefühl dieses anfänglichen Moments der Offenheit sozusagen durch all die anderen Abschnitte hindurch ausdehnen könnten.

Zweiter Abschnitt

Im zweiten Abschnitt synchronisieren wir den Einatem mit der Beschaffenheit von Klaustrophobie und Feststecken und den Ausatem mit der Beschaffenheit von Frische und Weite. Die Augen können entweder geschlossen sein oder offen. Wenn wir einatmen, spüren wir etwas Heißes, Dunkles, Schweres, Dickes und Verkrampftes; wenn wir ausatmen, spüren wir etwas Leichtes, Kühles, Friedliches, Erfrischendes. Dieser Prozess hat etwas mit Empfindungen, Gefühlen, Stimmungen zu tun; er hat überhaupt nichts Begriffliches. Mit solchen Empfindungen zu arbeiten hilft uns, mit der gefühlten Beschaffenheit von Klaustrophobie und Weite in Berührung zu kommen. Haben wir einmal den Kontakt zu den Gefühlen hergestellt, dann können wir die Begriffe und Konzepte wie „dunkel" und „hell", „heiß" und „kalt" fallenlassen.

Sollten Sie das als hilfreich empfinden, können Sie die Atmung an diesem Punkt ein wenig manipulieren. Sie können tief ein- und ausatmen. Das ist anders als bei den Anweisungen zum *Samādhi vipassyana,* bei denen wir einfach unseren gewöhnlichen Atem beobachten – ob er nun gerade schnell oder langsam, tief oder flach ist –, ohne zu versuchen, ihn auf irgendeine Weise zu kontrollieren. Doch beim Tonglen ist es ganz in Ordnung, wenn wir den Atem ein wenig regulieren. Das Wichtigste ist, dass wir die Beschaffenheit von Klaustrophobie voll und ganz einatmen und die Beschaffenheit von erfrischender Weite voll und ganz aussenden.

Beim Tonglen hängen Ein- und Ausatmen wechselseitig voneinander ab. Je mehr Sie einatmen und Ihr Herz öffnen können, wo Sie es normalerweise verschließen würden, desto mehr können Sie dann zu anderen aussenden. Und je intensiver Sie mit den Empfindungen von Weite, Güte, Liebe und Heiterkeit in Berührung kommen, desto mehr Kraft haben Sie, das Unerfreuliche in sich aufzunehmen.

Sehen Sie zu, dass der Einatem genauso lang ist wie der Ausatem. Die meisten Menschen betonen entweder den einen oder den anderen. Einerseits könnten Sie sich – seltsamerweise – mit der Klaustrophobie, Schwere und den unangenehmen Gefühlen ganz wohlfühlen und sie deshalb sehr tief einatmen. Und Sie könnten sich plötzlich sehr armselig vorkommen und glauben, Sie hätten nichts zu geben, und dann ganz klein und zaghaft ausatmen. Sie mögen sich andererseits auch fürchten, zuviel Schmerz und negative Energie aufzunehmen, und deshalb atmen Sie ganz schnell und hastig ein – ffft! – und atmen dann mit einem langen, erfrischenden, freudigen Ausatem aus.

Nach den traditionellen Anweisungen sollten Sie die Empfindungen durch sämtliche Poren Ihres Körpers ein- und ausatmen, rundum aus allen Richtungen und von oben und unten. Diese Methode betont die Empfindung eines großflächigen Atmens, was hilft, das Gefühl zu überwinden, dass sich all die „schlechten Dinge" in einer eng begrenzten Region Ihres Körpers konzentrieren. Sie könnten befürchten, dass Sie beim Einatmen etwas Schmerzliches und Schädliches in Ihr System aufnehmen, und das kann zu einem Gefühl der Spannung oder Schwere in Ihrer Herzregion führen. Wenn Sie sich jedoch vorstellen, dass Sie unzählige Atemöffnungen am ganzen Körper haben, dann haben Sie das Gefühl, dass das „schlechte Zeug" sich nicht an einer bestimmten Stelle festsetzt. Beim Ausatmen gibt Ihnen diese Methode das Gefühl, dass Sie die „guten Sachen" sehr offen und großzügig in alle Richtungen abgeben.

Eine Methode, dem Gefühl, überflutet zu werden, entgegenzuwirken, besteht darin, das Herz so weit auszudehnen, dass es alles aufnehmen kann, was hereinkommt. Eine andere Möglichkeit ist, sich den Körper als eine geräumige Höhlung vorzustellen – wie ein großer Ballon – also nicht als etwas Solides, aus

Fleisch und Knochen Gemachtes. Sie könnten sich den Körper auch als Hologramm vorstellen – völlig durchlässig und aus Licht bestehend. Das Wichtigste dabei ist, dass Sie ein Bild benutzen – sei es nun ein unendlich weites Herz, ein hohler Körper oder ein Hologramm –, welches Ihnen das sichere Gefühl gibt, dass hier nirgendwo etwas steckenbleiben kann. Sie fahren mit der Übung dieses zweiten Abschnitts fort, bis Sie das Gefühl haben, dass Ihre Visualisierung der Beschaffenheiten und Ihre Atmung gut synchronisiert sind. Verweilen Sie jedoch nicht allzu lange dabei. Der dritte Abschnitt ist der eigentlich wesentliche Teil der Übung. Im Allgemeinen sollten Sie dem zweiten Abschnitt nicht mehr als ein Drittel der Übungszeit – wenn nicht weniger – widmen.

Sollten Sie im Verlauf des dritten Abschnitts irgendwo steckenbleiben, dann können Sie zu Abschnitt zwei zurückkehren und für eine Minute damit arbeiten, wenn Ihnen das hilft.

Manche Menschen haben Schwierigkeiten mit diesem zweiten Abschnitt, weil er ihnen zu abstrakt vorkommt. Wenn das auf Sie zutrifft, dann können Sie – sobald Sie mit der gesamten Übung sehr gut vertraut sind – sich entscheiden, dem zweiten Abschnitt nur relativ wenig Zeit zu widmen.

Dritter Abschnitt

Im dritten Abschnitt geht es darum, mit einer ganz bestimmten Situation zu arbeiten, einer Situation, die Sie persönlich berührt und die Ihnen unter die Haut geht. Sie benutzen diese, um Ihr Mitgefühl zu kultivieren. Indem Sie die Erinnerung an eine Situation wachrufen, in der Sie bereits Mitgefühl empfinden, lernen Sie, Ihr Herz noch weiter zu öffnen. Sie können sich eine Person, ein Tier oder eine Kategorie von Menschen von Ihrer Liste vorstellen oder jemanden, der Ihnen spontan einfällt. Wenn Ihnen das hilft, können Sie das Gesicht dieser Person lebhaft vor Ihrem inneren Auge visualisieren, oder Sie denken ganz einfach, dass diese Person tatsächlich anwesend ist. In Ihrer Vorstellung können Sie diese Person sogar mit ihrem Namen ansprechen und etwas zu ihr sagen, was Ihrer Zuwendung Ausdruck verleiht – etwa „Mögest du glücklich sein" oder „Ich liebe dich".

Wenn Sie einmal angefangen haben, kann es sein, dass Sie an alle möglichen Menschen denken und einer nach dem anderen auftaucht. Das macht gar nichts. Sie können für jeden, der auftaucht, einfach den Austausch vollziehen.

Während Sie einatmen, lassen Sie alles Leiden in sich ein, das die jeweilige Person erfahren könnte. Während Sie ausatmen, senden Sie alles aus, was zur Heilung dieser Person beitragen könnte. Sollte das helfen, dann können Sie sich vorstellen, wie ein Lächeln über das Gesicht der Person wandert oder sie einen Seufzer der Erleichterung ausstößt, während Sie ihr Leid einatmen und Linderung ausatmen.

Wie im zweiten Abschnitt, können Sie, wenn Sie mögen, auch hier Ihren Atem ein wenig kontrollieren und tief und langsam ein- und ausatmen. Auch in diesem Fall ist es wichtig, dass Einatem und Ausatem gleich lang sind. Manchen Menschen fällt es schwer, während eines einzigen Ein- und Ausatmens den ganzen aus Aufnehmen und Aussenden bestehenden Prozess des Austausches zu visualisieren. Wer viel „Tonglen im Augenblick" übt, der kann dieses Problem sehr wahrscheinlich lösen. Aber wenn es nötig ist, können Sie auch mehrere Atemzüge lang die Empfindung des Leidens in sich aufnehmen und ebenso viele Atemzüge lang Erleichterung und Glück aussenden.

Sie können etwas ganz Allgemeines aussenden, wie etwa ein Gefühl von Offenheit und Weite, oder auch etwas ein wenig

Spezifischeres wie Liebe, Vergebung, einen Sinn für Humor oder Freude. Sie können auch etwas ganz Konkretes aussenden wie etwa ein köstliches Mahl, ein entspannendes Bad, einen wundervollen Sonnenuntergang, eine gute Tasse Kaffee oder eine herzliche Umarmung – alles, was Ihrer Meinung nach die andere Person glücklich machen würde. Aber versuchen Sie dabei nicht allzu analytisch vorzugehen. Wenn Sie sich ganz genau überlegen, was das Leiden des anderen Menschen eventuell lindern könnte und was ihn genau in diesem Moment glücklich machen würde, dann könnte die Übung zu kopflastig werden. Im Allgemeinen ist in diesem Fall der erste Gedanke, der auftaucht, auch der beste Gedanke.

Wenn Sie Tonglen für jemanden praktizieren, der ernsthaft krank ist, der vielleicht Krebs oder Aids hat, dann seien Sie sich bewusst, dass Sie die Übung nicht ausführen, um dieser Person physisch die Krankheit zunehmen. Sie üben vielmehr mit dem Wunsch, das emotionale Leiden zu lindern, das mit dieser Krankheit einhergeht: die Furcht, den Zorn, die Abscheu, die Scham, die Verzweiflung dieses Menschen. Im Grunde möchten Sie diesem Menschen genügen Raum anbieten, sodass er sich entspannen und mit seinem eigenen Herzen in Kontakt kommen kann – mit seiner eigenen Weisheit, seiner Kraft, seinem Sinn für Humor und Freude –, sodass er durch eine plötzliche Änderung seiner Einstellung das Gefühl los wird, eine schreckliche Bürde zu tragen. Sie müssen den Austausch nicht damit beginnen, dass Sie an einen anderen Menschen denken.

Sie können mit dem anfangen, was Sie selbst im gegenwärtigen Augenblick empfinden. Als Trungpa Rinpoche seine SchülerInnen erstmals mit dieser Übung bekannt machte, war es genau das, was er ihnen empfahl. Er sagte, wir sollten einfach irgend etwas Schwieriges, das sich in diesem Moment in unserem Leben zeigt, als Objekt für die Übung des Tonglen benutzen. Das bräuchte kein größeres Trauma zu sein – es könnte einfach eine momentane Irritation sein. In der Tat ist es hilfreich, mit kleineren Dingen zu beginnen, da sie uns nicht überwältigen werden. Mit der Zeit wächst dann die Fähigkeit, mit schwierigeren Dingen zu arbeiten, ganz von selbst.

Trungpa Rinpoche sagte, dass wir genau das, was wir im Augenblick erfahren, als Sprungbrett für das Verständnis benutzen können, dass andere Menschen und wir selbst im selben Boot sitzen. Wenn Sie einatmen und Ihre Empfindungen voll zur Kenntnis nehmen und sie annehmen, dann wird das jeweilige unangenehme Gefühl nicht mehr dazu führen, dass Sie sich noch mehr isolieren, dass Sie sich noch mehr um sich selbst kümmern und das Bedürfnis haben, sich abzuschotten. Ihr Unwohlsein wird vielmehr zu einer Brücke zu anderen Menschen, die sich ebenfalls unwohl fühlen.

Wenn Sie zum Beispiel wütend sind, dann könnten Sie das Bild der Person oder die Erinnerung an die Situation aufrufen, welche Sie lebhaft mit der Wut in Berührung bringt. Sie atmen ein und lassen sich ganz und gar auf die Wut ein; dann senden Sie beim Ausatmen ein Gefühl der Erleichterung und Entspannung aus – sowohl zu Ihnen selbst als auch zu jedem anderen, der wütend ist.

Beginnen Sie, mit einem persönlichen Problem zu arbeiten, dann müssen Sie unbedingt in Erinnerung behalten, dass Sie nicht nur für sich selbst üben. In Wirklichkeit benutzen Sie das, was Sie im gegenwärtigen Augenblick empfinden, als Brücke zum Verständnis anderer – dazu, sich um sie zu kümmern und wahres Mitgefühl für sie zu entwickeln. In gewissem Sinne atmen Sie also gleichzeitig für sich selbst und für andere ein und aus.

Wenn Sie die Sache so begreifen, dann „schwelgen Sie nicht in Selbstmitleid", wie eine Lojong-Losung besagt. Mit anderen Worten: Sie reiten nicht übermäßig auf Ihren eigenen Gefühlen herum. Sie nehmen klar zur Kenntnis, dass es Ihre eigenen Gefühle sind, aber gleichzeitig erkennen Sie auch, dass Sie diese Gefühle mit Ihren Brüdern und Schwestern auf diesem Planeten teilen. Diese Anerkennung hat etwas Befreiendes; sie kann Ihnen wirkliche Erleichterung bringen. Gleichzeitig wissen Sie auch, womit andere Leute sich herumschlagen, und das öffnet Ihr Herz für diese Menschen. Auf diese Weise können Sie sich voll zu den Gefühlen als Ihre Erfahrung bekennen, ohne sie zu verleugnen oder zu unterdrücken. Doch gleichzeitig wird klar, dass sie nicht Ihnen allein als persönliches Eigentum gehören.

Die Art und Weise, wie ich Abschnitt drei lehre, hat sich im Lauf der Jahre entwickelt. Zuerst habe ich den Leuten gesagt, sie sollten beim Tonglen sich selbst als Bezugspunkt nehmen. Meine Schüler berichteten mir damals oft, wie heilsam diese Praxis für sie selbst sei. Aber wenn ich sie fragte: „Und wie ist es mit den anderen Menschen?", meinten sie: „Oh! Den Teil mit den anderen habe ich ganz vergessen!" Also begann ich die Praxis auf traditionellere Weise zu lehren, das heißt, dass man sie für andere Menschen ausführt. Die Schüler erzählten mir dann, sie hätten das Gefühl, sich in gefährliche Wasser zu begeben, weil die Übung einiges an Furcht und Widerständen in ihnen hochkommen ließe. Als ich sie daraufhin fragte, ob sie Tonglen für sich und alle anderen im selben Boot praktizierten, waren sie verblüfft und sagten: „Oh! Ich wusste nicht, dass ich es auch für mich selbst üben kann!" Das scheinen mir die beiden wesentlichen Extreme zu sein: Tonglen entweder nur für sich selbst zu üben, oder die Praxis für andere auszuführen, dann aber an einen Punkt zu gelangen, wo man gar nicht mehr üben kann.

Als mittleren Weg weise ich meine Schüler nun an, anfangs Tonglen für andere zu üben, etwa für jemanden von ihrer Liste. Wenn Sie ein natürliches Mitgefühl für die andere Person empfinden und aus ganzem Herzen Tonglen für sie üben können, dann ist das alles, was während des größten Teils der Praxis nötig ist. Aber heute betone ich einen ganz wichtigen Punkt: Wenn Sie während des Übens Schwierigkeiten mit der Praxis bekommen, dann können Sie Ihre Aufmerksamkeit immer verlagern und damit beginnen, Tonglen für das Hindernis zu üben, auf das Sie gestoßen sind, während Sie sich gleichzeitig klarmachen, dass andere Menschen mit den gleichen Hindernissen zu kämpfen haben.

Sie könnten zum Beispiel beginnen, aus tiefstem Herzen Tonglen für eine bestimmte Person zu praktizieren, aber plötzlich wird die Sache kompliziert. Da gibt es die verschiedensten Möglichkeiten. Vielleicht fürchten Sie, mehr Schmerz in sich aufzunehmen, als Sie verkraften können. Vielleicht fühlen Sie sich von Traurigkeit oder Kummer überwältigt. Vielleicht haben Sie auch eine emotional zweischneidige Einstellung gegenüber der anderen Person, etwa einem Elternteil oder Ihrem Partner: Sie haben in Wirklichkeit eine ziemliche Wut genau auf den Menschen, dem Sie helfen wollen. Es mag auch sein, dass Sie sich als Versager fühlen – völlig verarmt und ohne etwas, das Sie anderen anbieten könnten. Wie auch immer – Sie haben auf jeden Fall das Gefühl, nicht mit der Übung fortfahren zu können, weil sie Empfindungen hervorruft, die Ihnen negativ, unangemessen, überwältigend vorkommen.

Wenn es dazu kommt, sollten Sie nicht meinen, dass Sie bei der Tonglen-Praxis versagt haben. Ganz im Gegenteil: Sie sind tatsächlich mit einem wunden Punkt und vitalen Thema in Berührung gekommen, mit dem Sie arbeiten können. An diesem

Punkt verschieben Sie einfach den Brennpunkt Ihrer Aufmerksamkeit. Sie atmen ein und bekennen sich dabei voll und ganz zu dem jeweiligen Hindernis – Ihrer Furcht, Ihrer Traurigkeit, Ihrem Unwohlsein, Ihrem Gefühl des Versagens. Sie spüren, wie schwer das wiegt, und dass Sie die Tendenz haben, sich um diesen wunden Punkt herum zu verschließen. Dann öffnen Sie Ihr Herz für Ihre eigenen Gefühle des Verschlossenseins.

Während Sie einatmen, lassen Sie alle Wörter und alle Skripts fahren. Anfangs bringt das jeweilige Skript Sie in Kontakt mit der rohen Energie der Emotionen. Diese Energie ist etwas, das Sie in Ihrem Körper ganz konkret fühlen und das nichts mit Begriffen zu tun hat. Also lassen Sie das Skript jetzt fallen und gehen direkt in die Energie hinein, indem Sie mit dem Ein- und Ausatmen arbeiten.

Kurz gesagt: Wenn Ihr Herz sich zu verschließen beginnt, dann bekennen Sie sich zu dem, was Sie fühlen, und nehmen es als Grundlage für das Kultivieren von Mitgefühl. Als Nächstes machen Sie sich klar, dass viele andere Menschen auf der Welt genau dasselbe empfinden wie Sie, so dass Sie sich sehr gut in sie einfühlen können. Schließlich senden Sie für sich selbst und all die anderen das aus, was Ihrer Ansicht nach helfen könnte.

Vierter Abschnitt

Im vierten Abschnitt verallgemeinern Sie die Praxis. Sie gehen von einem Mitfühlen aus, das nicht theoretischer Natur ist: Es ist ganz real, spezifisch, unmittelbar, und Sie fühlen es aus tiefstem Herzen. Dann weiten Sie es so umfassend wie nur möglich auf andere aus. Im dritten Abschnitt beginnen Sie damit, dass Sie Tonglen für den Schmerz eines Menschen üben, den Sie kennen, oder für Ihren eigenen Kummer. Im vierten Abschnitt werden Sie sich bewusst und erkennen an, dass dieser Schmerz von vielen, wenn nicht gar von allen Menschen auf diesem Planeten geteilt wird. Auf diese Weise wird das, was als etwas sehr Relatives und Persönliches und Unmittelbares begonnen hat, für Sie zu etwas, das Sie mit allen Wesen verbindet.

So könnten Sie zum Beispiel Abschnitt drei für ein Kind üben, das Ihr Herz tief berührt und dessen Leid Sie lindern wollen. Als Nächstes könnten Sie diese Empfindung des Berührtseins und des Mitgefühls auf alle Kinder ausdehnen, die sich in einer ähnlichen Situation befinden. Schließlich könnten Sie es überhaupt auf alle Kinder ausdehnen, die leiden. Ja, wenn es sich echt für Sie anfühlt, dann könnten Sie es noch weiter auf das Leid aller Wesen ausdehnen.

Den vierten Abschnitt können Sie fast simultan mit dem dritten Abschnitt üben: Während Sie mit dem Wunsch einatmen, einer bestimmten Person zu helfen, könnten Sie sich gleichzeitig vorstellen, dass Sie für all die anderen Menschen einatmen, die sich in einer ähnlichen Situation befinden. Dann senden Sie ein Gefühl der Erleichterung sowohl an die bestimmte Person als auch an alle anderen aus.

Zurück zum Sitzen

Wenn Sie in einer Gruppe praktizieren, dann kehren Sie zum Sitzen zurück, sobald die Glocke das Ende der Tonglen-Übung signalisiert. Während der Glockenton ausklingt, können Sie, wenn Sie mögen, sich vorstellen, dass Sie zu allen Wesen, ohne Ausnahme, ein weißes Licht ausstrahlen, das kühl, friedlich und erfrischend ist. Dann könnten Sie das Wunschgebet sprechen: „Mögen alle fühlenden Wesen sich des Glücks und der Wurzel des Glücks erfreuen. Mögen sie alle frei sein vom Leiden und der Wurzel des Leidens."

Wenn der Glockenton schließlich verklungen ist, dann lassen Sie bewusst alle Gedanken und alle Bilder los. Sie könnten Ihre Haltung überprüfen und beginnen, die Technik der Sitzmeditation anzuwenden. Im Allgemeinen sollten Sie wenigstens fünfzehn Minuten sitzen, nachdem Sie die Tonglen-Übung abgeschlossen haben.

Sich die Übung zu eigen machen

Es gibt viele Ansätze zur Praxis von Tonglen. Nachdem Sie sich mit der grundlegenden Technik der Übung in vier Abschnitten gründlich vertraut gemacht haben, steht es Ihnen frei, sich die Praxis auf Ihre eigene Weise anzueignen. Damit die Übung echt wird und Ihr Herz wirklich berührt, muss sie etwas ganz Persönliches werden. Dieses Kapitel stellt eine Reihe von Variationen der Technik vor, mit denen Sie experimentieren könnten. Bleiben Sie weiterhin nur bei denjenigen, die bei Ihnen funktionieren. Mit anderen Worten: Nehmen Sie das Beste und vergessen Sie den Rest.

Verschiedene Themen

Hier eine Liste von möglichen Themen für den dritten Abschnitt der Übung; sie soll Ihnen eine Vorstellung davon geben, wie breit gefächert die Möglichkeiten sind. Ganz gleich, mit welchem Thema Sie beginnen – denken Sie daran, den Austausch im vierten Abschnitt zu verallgemeinern.

- Ihr eigener Schmerz in diesem Augenblick, sei er körperlich oder seelisch.
- Ein persönliches Begehren oder eine Sucht.
- Ein Gewohnheitsmuster, das sehr starr ist.
- Eine schwierige Situation, mit der Sie sich zurzeit in Ihrem Leben konfrontiert sehen.
- Eine schmerzliche Erinnerung aus jüngerer Zeit oder der Vergangenheit.
- Sie selbst als Kind.
- Ihr eigenes Gefühl, bei der Übung blockiert zu sein.
- Ein Mitglied Ihrer Familie.
- Ihr Partner oder Ihre Partnerin.
- Jemand, der Ihnen ganz natürlich sehr lieb ist, etwa Ihr eigenes Kind.
- Jemand, dem Sie sehr dankbar sind, etwa ein Lehrer oder Mentor.
- Jemand, mit dem Sie ganz natürlich Mitgefühl empfinden, etwa ein verletztes Kind oder Tier.
- Ein Freund oder Nachbar.
- Jemand, von dem Sie wissen, dass er oder sie gerade in einer sehr schwierigen Lebenslage ist.

- Eine Klasse von Menschen oder Tieren, die leiden, etwa Tiere für Laborversuche, Menschen mit Krebs oder Aids, hungernde Menschen, missbrauchte Kinder, Menschen in von Krieg heimgesuchten Regionen.
- Ein Verstorbener, der Ihnen sehr nahe stand.
- Ein ernsthaft kranker Mensch, der Ihnen nahe steht.
- Jemand, dem gegenüber Sie eine neutrale Einstellung haben; das heißt, Sie kennen diesen Menschen kaum und würden sonst nicht einmal an ihn denken.
- Jemand, über dessen Leid Sie in der Zeitung gelesen oder von dem Sie durchs Fernsehen erfahren haben.
- Jemand, über dessen Leiden Sie etwas in einem Buch gelesen oder im Kino gesehen haben, etwa einer der verfolgten Juden in *Schindlers Liste.*
- Jemand, der leidet, mit dem Sie jedoch nicht so leicht Mitgefühl empfinden können, etwa ein Alkoholiker, der Familienmitglieder misshandelt.
- Jemand, der sie physisch oder emotional verletzt hat.
- Jemand, mit dem Sie in Ihrem Alltag Schwierigkeiten haben, etwa Ihr Chef oder jemand anders an Ihrem Arbeitsplatz.
- Eine schwierige Beziehung zwischen Ihnen selbst und einem anderen Menschen. Hier geht es nicht spezifisch um Sie selbst oder um die andere Person, sondern um die Beziehung als solche.

Das Herz weit machen

Dies ist eine Methode, die Ihnen helfen kann, das Gefühl abzumildern, dass Sie zu viel aufnehmen und davon überwältigt werden. Während Sie im zweiten und dritten Abschnitt einatmen, können Sie sich vorstellen, Ihr Herz würde sich so weit ausdehnen, dass es alles, was Sie für unschön und giftig halten, umfangen kann und sie es ganz und gar einlassen können. Während Sie durch sämtliche Poren Ihres Körpers oder vom Herzen her ausatmen, senden Sie erfrischende Offenheit aus. Sie atmen so furchtlos ein, wie es Ihnen möglich ist, und dann senden Sie so viel Großzügigkeit und Weitherzigkeit aus, wie nur möglich. Die Übung zielt darauf ab, Ihre Herzregion zu öffnen, so wie man einen angespannten Muskel entspannt.

Die Barrieren auflösen

Dies ist eine alternative Visualisierung für Abschnitt zwei der Übung, die sich in Sogyal Rinpoches Buch *Das tibetische Buch vom Leben und vom Sterben* findet. Wenn Sie einatmen, stellen Sie sich vor, dass das Leid anderer wie schwarzer Rauch in Ihr Herz eintritt und dabei die harte Rüstung auflöst, die es umgibt. Die Rüstung ist ein gutes Bild für die Barrieren des egoistischen Anhaftens. Wird die Rüstung von dem schwarzen Rauch durchdrungen und aufgelöst, dann strahlt das kühle weiße Licht des Mitgefühls automatisch aus dem Herzen hervor. Dies ist eine sehr wirksame Weise der Tonglen-Übung, denn das Bild spricht den eigentlichen Wirkungsmechanismus der Übung an: Durch die Auflösung der Ich-Barrieren entsteht ganz natürlich Mitgefühl.

Den Fluss in Gang bringen

Auch wenn das gewöhnlich nicht zu den Tonglen-Unterweisungen gehört: Manche Menschen finden, dass es ihnen hilft, von Anfang der Meditationssitzung an den Fluss des Mitgefühls zu empfinden, wenn sie sich vorstellen, sozusagen gleich die „Pumpe des Mitgefühls anzuwerfen". Das lässt ihnen die ganze Übung sehr viel realer erscheinen. Sobald die Glocke die Tonglen-Übung einläutet, könnten Sie also gleich an etwas denken, das Ihnen das Herz schwer macht, etwa ein Tier in einem Zoo, ein Kind, das misshandelt wurde, oder einen krebskranken Freund. Das kann Ihnen helfen, mit Ihren Gefühlen in Kontakt zu kommen und Ihre Motivation zu verdeutlichen, bevor Sie mit der Übung beginnen.

Spontanes Tonglen

Sie können Tonglen üben, auch ohne zu Beginn der Sitzung ein spezifisches Thema ausgewählt zu haben. Sie können stattdessen einfach mit dem arbeiten, was spontan auftritt. Wenn Tonglen eingeläutet wird, dann könnten Sie, wie Trungpa Rinpoche sagte, einfach weiter sitzen, ohne nach einem Thema zu suchen. Wenn dann spontan Gedanken und Gefühle aufsteigen, arbeiten Sie einfach mit dem, was sich gerade zeigt. Diese Methode stellt sicher, dass Sie mit etwas Echtem und Persönlichem arbeiten, nicht mit etwas Eingeübtem und Abstraktem.

Den Kreis des Mitgefühls ausdehnen

Dieser Ansatz hat Ähnlichkeit mit den Übungen von *Maitrī* und Mitgefühl, die weiter hinten im Buch vorgestellt werden (siehe Seite 119). Sie beginnen damit, dass Sie Tonglen für sich selbst üben, für einen besonders wunden Punkt oder ein sehr schmerzliches Thema in Ihrem Leben. Dann dehnen Sie die Übung Schritt für Schritt auf andere aus: auf jemanden, für den Sie bereits Freundlichkeit und Mitgefühl empfinden; dann jemanden, dem gegenüber Sie neutrale oder indifferente Gefühle haben; weiterhin jemanden, mit dem Sie Schwierigkeiten haben; und schließlich auf alle fühlenden Wesen.

Wenn Sie beginnen, den Austausch für andere zu machen, könnten Sie mit dem gleichen Thema arbeiten, das Sie für sich selbst benutzt haben. Wenn Sie sich zum Beispiel sehr entmutigt fühlen, dann könnten Sie die Entmutigung einer nahen Freundin einatmen und Selbstvertrauen und ein Gefühl der Heiterkeit zu ihr aussenden. Als Nächstes könnten Sie dasselbe für eine neutrale Person tun, dann für eine schwierige Person und schließlich für alle Menschen, die unter Entmutigung leiden.

Die Konfrontation mit sich selbst

Wenn Sie Tonglen für sich selbst üben, dann können Sie sich vorstellen, tatsächlich sich selbst gegenüberzustehen. Sehen Sie sich gleichzeitig als Sie selbst und als vor Ihnen stehend. Dann üben Sie Tonglen für sich selbst, wie Sie da vor sich stehen. Dehnen Sie diese Vorstellung schließlich auf alle anderen Menschen aus.

Eine Variation dieser Übung ist die Arbeit mit den Themen Scham und Schuldgefühle. Ich habe diese Übung aus

Unterweisungen entwickelt, die sich in *Das tibetische Buch vom Leben und vom Sterben* finden. Hier machen wir Tonglen für Dinge, die wir getan haben und für die wir uns jetzt schämen; Sogyal Rinpoche nennt das „die volle Verantwortung für das eigene Tun übernehmen". Sobald wir zum dritten Abschnitt kommen, denken wir an etwas, das uns innerlich zusammenzucken lässt, wenn uns bewusst wird, dass wir es getan haben. Wir atmen es vollständig ein und nehmen die damit verbundenen Gefühle voll und ganz an: Scham, Verlegenheit, Leugnung oder zwanghafte Schuldgefühle. Dann senden wir Vergebung und Heilung zu uns selbst aus.

Wir können dabei die Vorstellung verwenden, dass wir unser Herz so weit machen, dass es all die unerwünschten Gefühle einlassen kann. Es hilft, wenn wir uns während dieses Austausches selbst als lebhafte bildliche Vorstellung vor uns sehen. Schließlich dehnen wir diesen Austausch auf andere aus; das trägt dazu bei, dass wir uns beim Einatmen nicht überwältigt fühlen. Gleichzeitig mit dem dritten Abschnitt oder als separaten vierten Abschnitt atmen Sie für sich selbst und alle anderen Menschen ein, die Scham und Schuldgefühle empfinden. Dann senden Sie Vergebung zu sich selbst und allen anderen aus.

Mitgefühl ausstrahlen

Diese Übung ist so, als würden Sie einen Stein des Mitgefühls in einen Teich werfen und beobachteten, wie die Wellen sich kreisförmig auf der Wasseroberfläche ausdehnen. Fangen Sie mit Tonglen für sich selbst an. Sie können dabei mit einem spezifischen Thema arbeiten oder einfach denken: „Möge ich glücklich sein; möge ich frei sein vom Leiden." Dann beginnen Sie, die

Übung nach außen ausstrahlen zu lassen: zuerst auf alle Menschen im selben Raum, dann auf alle im selben Haus, alle Menschen in der Nachbarschaft, alle in Ihrer Stadt und schließlich im ganzen Land und der ganzen Welt.

Maitri bhavana

Viele Übungen aus der buddhistischen Tradition haben eine Tonglen-Komponente. Zwei spezifische Übungen, die auf dem Tonglen basieren, sind *Maitrī bhāvana* und die *Sukhâvatî*-Zeremonie. *Maitrī bhāvana* bedeutet „Meditation der Liebenden Güte" und ist eine Methode, um ernsthaft kranken Menschen zu helfen. Es wird gewöhnlich in einer Gruppe praktiziert, aber man kann es, wenn man will, auch allein für einen Verwandten oder Freund praktizieren. Wenn Sie derart für einen Kranken üben, denken Sie unbedingt daran, dass Sie nicht die tatsächliche Krankheit wie Krebs oder Aids einatmen. Was wir einatmen, das ist vielmehr die Tendenz, uns abzuschotten und vor Schmerz wie gelähmt zu sein – also die Verzweiflung, die Wut, die Abscheu, die Leugnung und die Gefühle der Vereinsamung des betreffenden Menschen. Dann atmen wir ein Gefühl der Weite und Entspannung aus, zusammen mit dem Wunschgebet, die Krankheit möge für die betreffenden Menschen ein echter Pfad zum Erwachen werden, ob sie nun wieder gesund werden oder nicht. (Genaue Anleitung zum *Maitrī bhāvana* auf Seite 131.)

Sukhâvatî

Die Sukhâvatī-Zeremonie ist eine Begräbniszeremonie, zu der die Praxis von Tonglen für die verstorbene Person gehört. Durch die Übung gestehen wir der Person die Freiheit zu, ihr Leben völlig loszulassen. Wir atmen ihre Furcht, Verblendung, ihr Bedauern und ihr Festhalten an ihrem Körper und ihren mentalen Mustern ein. Beim Ausatmen senden wir grundlegende Geistesklarheit, Furchtlosigkeit, Heiterkeit und Offenheit zu ihnen aus.

Was tun, wenn wir steckenbleiben?

Wir sollten uns nichts vormachen. Tonglen ist eine anspruchsvolle Übung, selbst für jene, die es schon lange praktizieren. Also lassen Sie sich nicht entmutigen, wenn Sie Probleme mit der Übung bekommen. Dies ist eine Praxis fürs ganze Leben, nicht nur für ein Wochenende oder eine Woche oder ein Jahr. Wenn Sie die Sache also langfristig sehen, können Sie es sich erlauben, auch einmal etwas zu entspannen. Sie haben genügend Zeit, den Dreh herauszubekommen.

Bodhichitta wird manchmal mit der Sonne verglichen, und die Muster, durch die wir Barrieren aufrichten, mit Wolken, die die Sonne verbergen. Wie die Sonne, erstrahlt *Bodhichitta* jederzeit; wenn sich die Wolken also auflösen, kommt unsere wahre

Natur zum Vorschein. Ich finde dieses Bild sehr inspirierend, gerade in Momenten, wo ich das Gefühl habe, dass ich nie aus dem Sumpf herauskomme. Es ist eine Erinnerung daran, dass die Offenheit von Herz und Geist uns jederzeit zur Verfügung steht – genau hier, gerade jetzt –, selbst wenn wir uns rettungslos abgeschottet fühlen. Um sie aufzudecken, brauchen wir nur Sanftheit, Güte – und Geduld.

Erscheint Ihnen die formelle Tonglen-Übung zu überwältigend, dann vertrauen Sie einfach Ihrer Intuition und zwingen Sie sich zu nichts. Sie könnten vorübergehend mit dem Tonglen aufhören und etwas anderes üben. Sie könnten einfach das Sitzen als formelle Übung praktizieren und im Alltag mit Tonglen im Augenblick experimentieren. Oder Sie könnten es mit der Übung von *Maitrī* und Mitgefühl probieren (siehe Seite 119), die vielen Menschen leichter fällt als Tonglen.

Ich glaube, dass Wunschgebete Ihnen helfen können, wenn Sie das Gefühl haben, dass Sie das Tonglen nicht verkraften können. Das ist ein sanfter Ansatz, der den Grund dafür bereitet, dass Sie später Tonglen praktizieren können. Sie können einfach denken: „Möge ich eines Tages in der Lage sein, mein Herz und meinen Geist ein wenig mehr zu öffnen als heute. Möge ich eines Tages anderen mehr geben können, als es mir heute möglich ist." Zu einem späteren Zeitpunkt mag Ihnen die formelle Tonglen-Übung dann stimmiger und leichter vorkommen als heute. Wenn Sie dann zum Beispiel mit einem schwerkranken Freund sitzen, kann sie Ihnen plötzlich ganz natürlich und angemessen gelingen.

Praktizieren Sie Tonglen bitte auf keinen Fall als „Pflichtübung", und fühlen Sie sich nicht als Versager, wenn Sie es nicht sofort üben können. In der Praxis geht es einzig und allein darum, bedingungslose Freundlichkeit und bedingungsloses Mitgefühl mit sich selbst und mit anderen zu entwickeln. Es macht also keinen Sinn, wenn Sie die Übung dazu benutzen, sich selbst das Leben schwerzumachen.

Wann immer Sie während einer Übungssitzung im Sumpf stecken bleiben, ist es gut und richtig, einen neuen Anfang zu machen. Sie können eine Pause machen und die Methode für eine Minute ganz fallenlassen. Oder Sie könnten die Atmosphäre reinigen, indem Sie Absolutes *Bodhichitta* aufblitzen lassen und wieder eine Verbindung zu einem Gefühl von Offenheit und Frische herstellen. Dann könnten Sie zum zweiten Abschnitt zurückkehren oder direkt zum dritten Abschnitt übergehen, vielleicht mit einem Thema, das leichter ist.

Die Motivation bekräftigen

Wenn Sie stecken bleiben oder die Inspiration verlieren, ist es hilfreich, eine Minute innezuhalten und sich die ursprüngliche Motivation für die Tonglen-Praxis zu vergegenwärtigen. Tatsächlich wäre es eine gute Idee, wenn Sie dies zu Beginn einer jeden Übungssitzung tun würden. Sie können zum Beispiel mit der Motivation dadurch wieder in Kontakt kommen, dass Sie innerlich die „Vier Grenzenlosen“ oder das Bodhisattva-Gelübde rezitieren. Oder Sie könnten sich den Grund, warum Sie üben, mit folgenden Worten in Erinnerung rufen:

> Mein Herz ist von Natur aus offen und mitfühlend,
> Aber da ich schmerzliche Gefühle und Situationen
> fürchte,
> Richte ich Barrieren auf, um mich zu schützen.
> Um die Barrieren aufzulösen und mein Herz zu öffnen,

Bin ich bereit, mich zu dem Schmerz, den ich fühle,
zu bekennen und ihn ganz anzunehmen,
Und will ihn auflockern durch Liebende Güte und
Mitgefühl.
Indem ich mich offen und mitfühlend meinem
eigenen Schmerz stelle,
Kann ich mein Herz gänzlich für andere öffnen.

Wenn Sie in den Details der Übung stecken bleiben, können Sie sich die Unterweisungen, die Sie erhalten haben, kurz in Ihren eigenen Worten in Erinnerung rufen – etwa folgendermaßen:

Wenn du bemerkst, dass du zumachst,
Atme deinen Schmerz voll ein und akzeptiere ihn.
Dann entspanne und öffne dich und mach dich
weicher.
Atme Erleichterung für dich selbst aus und für alle
anderen, die das Gleiche fühlen.

Die Vier Erinnerungen

Eine andere Methode, die Verbindung zu Ihrer Motivation wieder herzustellen, ist eine Kontemplation der „Vier Erinnerungen", die manchmal auch „Vier Weisen, die Absicht umzukehren" genannt werden. Sie fassen die Grundbedingungen unseres menschlichen Lebens zusammen und weisen darauf hin, wie wichtig es ist, *Bodhichitta* zu praktizieren:

1. *Die Kostbarkeit der Geburt als menschliches Wesen.* *Bodhichitta* ist unser Geburtsrecht als Menschenwesen. Wir haben gesunde Fähigkeiten, ein warmes Herz und gute Intelligenz. Darüber hinaus hatten wir das große Glück, mit den Lehren über *Bodhichitta* in Berührung zu kommen, die uns erklären, wie wir die Barrieren überwinden können, die uns daran hindern, gänzlich lebendig und offen zu sein.

2. *Die Kürze des Lebens.* Wir alle wissen, dass wir früher oder später sterben werden, aber wir haben keine Ahnung, wann unser Tod eintreten wird. Gewöhnlich machen wir uns selbst etwas vor, indem wir meinen, wir hätten genügend Zeit, um alles zu erreichen, was wir erreichen wollen, und deshalb sind wir saumselig. Aber wir könnten schon morgen sterben. Nichts ist wichtiger, bevor wir sterben, als Furcht zu überwinden, unser Herz zu öffnen und die Freude des Menschseins, an dem wir Anteil haben, zu erfahren. Also sollten wir heute damit anfangen.

3. *Wir ernten, was wir durch unsere Taten säen.* Alles, was in unserem Leben geschieht, ist das Resultat unserer früheren Gedanken, Worte und Taten. Und was immer wir heute tun, wird eine positive oder negative Auswirkung in der Zukunft haben. Wenn wir *Bodhichitta* praktizieren, säen wir die Samen für das Erwachen von Liebe und Mitgefühl – sowohl für uns selbst als auch für die Welt. Tun wir das nicht, dann fahren wir fort, unsere emotionalen Barrieren zu verhärten, und als Konsequenz davon werden wir in unserem Leben viel Kampf und Enttäuschung erfahren.

4. *Das Leben an sich bringt Leiden mit sich.* Wenn wir erst einmal geboren sind, ist Schmerz unvermeidlich. Wir werden alt, werden krank und sterben. Doch der Schmerz selbst ist nicht das Problem. Unnötiges Leiden erwächst daraus, dass wir uns dem Schmerz verschließen, uns unseren Gefühlen verschließen, uns von anderen abschotten. Indem wir *Bodhichitta* üben, können wir tatsächlich etwas tun, um diese Art von Leiden zu heilen.

Hindernisse als den Pfad benutzen

Wie ich zuvor schon gesagt habe – und das kann gar nicht genug betont werden –, können Sie immer dann, wenn Sie ein Problem mit der Praxis haben, damit anfangen, Tonglen für das Hindernis zu üben, das Sie erfahren. Sie denken sich an diesem Punkt nicht etwa, dass Sie bei der Praxis versagt haben; Sie verlagern bloß den Brennpunkt Ihrer Aufmerksamkeit. Was immer das Hindernis sein mag, Sie atmen es ein und bekennen sich dazu. Sie machen sich auch klar, dass eine Menge anderer Menschen in dieser Welt genau das Gleiche fühlen wie Sie selbst. Dann senden Sie zu sich selbst und anderen das aus, was Ihrer Ansicht nach helfen wird. Sie können diesen Ansatz als universales Gegenmittel gegen jede Art von Hindernissen benutzen, der Sie begegnen.

Dieser Ansatz ist der Lojong-Losung vergleichbar, die besagt: „Korrigiere alle Übel mit einer Absicht." Ganz allgemein gesagt, bedeutet diese Losung, dass wir jeder Situation, ganz gleich, wie schwierig sie ist, mit der Absicht begegnen können, die Ichbezogenheit zu verringern und *Bodhichitta* zu mehren. In diesem speziellen Zusammenhang bedeutet sie: Bekenne dich zu allem, was du als ein Hindernis für deine Tonglen-Praxis erfährst, nimm es voll und ganz an, und benutze es als Brücke, die dich mit anderen verbindet.

Fünf verbreitete Hindernisse

Es gibt einige Hindernisse, die fast bei jedem auftauchen, der Tonglen praktiziert:

- Von Gedanken total abgelenkt werden
- Sich von starken Emotionen überwältigt fühlen
- Sich emotional taub fühlen
- Die Furcht, verschmutzt zu werden
- Nicht wissen, was man aussenden soll

Von Gedanken total abgelenkt werden

Manchmal werden Übende dermaßen von Gedanken und Gefühlen abgelenkt, dass sie nicht mehr wissen, wo sie sind oder was sie auf dem Meditationskissen tun. Das sollte uns nicht überraschen. Beim Tonglen rufen wir ja absichtlich Gedanken, Erinnerungen und Emotionen hervor, um auf ihrer Grundlage echte Empfindungen des Mitgefühls zu erfahren. Doch manchmal machen die Skripts sich selbstständig, und wir scheinen ihnen machtlos ausgeliefert zu sein.

Wann immer Sie während einer Meditationssitzung abgelenkt werden, ist, wie Trungpa Rinpoche sagte, das Gegenmittel dasselbe wie beim Sitzen: Sie halten einfach an und beginnen neu. Es wäre auch gut, in einem solchen Fall die Sitzhaltung zu überprüfen und sie, wenn nötig, zu korrigieren, denn Körper und Geist sind eng miteinander verbunden.

Sollten Sie häufig abgelenkt sein, dann wäre zu empfehlen, dass Sie vor der Tonglen-Übung mehr Sitzen praktizierten. Das Sitzen hilft, den Geist zu stabilisieren, so dass Sie besser im gegenwärtigen Augenblick bleiben können. Den Körper zu entspannen, kann ebenfalls sehr hilfreich sein, denn das wilde Wuchern der Gedanken geht im Allgemeinen mit körperlichen Spannungen einher. Tiefer und regelmäßig zu atmen, ist eine natürliche Methode der Entspannung.

Sich von starken Emotionen überwältigt fühlen

Bei den Menschen, die Tonglen üben, gibt es im Allgemeinen zwei Kategorien. Die einen werden von der schieren Gewalt der Gefühle, die hochkommen, überwältigt – entweder von ihrem eigenen Leid oder dem anderer –, und sie brechen in Tränen aus oder müssen die Übung abbrechen. Die anderen werden emotional taub und fühlen gar nichts mehr.

Bei einer Lojong-Klausur in der Gampo Abbey gab es ein erheiterndes Phänomen: Sobald die Glocke die Tonglen-Übung einläutete, fingen gewisse Teilnehmer mit schöner Regelmäßigkeit an zu weinen. Nach einer Weile begannen wir, Schachteln mit Kleenex-Tüchern herumzureichen, sobald die Glocke läutete. Wir hatten immer ein Dutzend solcher Schachteln in der Meditationshalle, für alle Fälle. Während der auf die Meditationssitzungen folgenden Einzelgesprächen mit den Teilnehmern zeigten sich diejenigen aus der einen Gruppe sehr peinlich berührt davon, dass sie so emotional waren; sie wünschten sich, disziplinierter zu sein. Die aus der anderen Gruppe fühlten sich ausgesprochen schlecht, weil sie gar keine Emotionen empfunden hatten; sie hätten viel dafür gegeben, während einer Sitzung auch einmal in Tränen ausbrechen zu können. Die Teilnehmer beider Kategorien waren also sehr streng mit sich und hätten gern mit denen aus der anderen Kategorie getauscht.

Wenn Sie von Gefühlen überwältigt werden, müssen Sie selbst beurteilen, wann es an der Zeit ist, sich zurückzunehmen und etwas langsamer zu machen. Dieser Ratschlag entspricht der Losung „Halte dich an den hauptsächlichen der beiden Zeugen". Mit anderen Worten: Sie selbst sind der hauptsächliche Zeuge, und Sie müssen Ihrer eigenen Intuition vertrauen. Sie sollten also gemäß Ihrem eigenen Tempo vorangehen und Güte und Sanftheit praktizieren. Versuchen Sie, ein Macho zu sein, dann wird die Übung sich an Ihnen rächen: Sie werden sich abschotten und die Übung ganz aufgeben. Eine sanfte Vorgehensweise ist unabdingbar; gleichzeitig jedoch streben Sie danach, sich mehr und mehr auf die wunden Punkte einlassen und der Bodenlosigkeit überlassen zu können.

Beim Tonglen üben Sie, Herz und Geist zu öffnen, indem Sie mit Schmerz auf andere Weise umgehen, indem Sie ihn nämlich als die Saat von *Maitrī* für sich selbst und von Mitgefühl für andere nutzen. Doch wenn Sie noch nicht schwimmen können, müssen Sie nicht gleich am tiefen Ende mit einem Kopfsprung ins Schwimmbecken hechten. Sie können Themen wählen, die für Sie leichter zu verkraften sind – Themen, zu denen Sie zwar echte Gefühle haben, die Sie aber nicht gleich überwältigen, etwa die kleinen Irritationen des Alltags oder das Pech eines Menschen, den Sie gerade getroffen haben.

Mir schrieb zum Beispiel eine Frau, die versuchte, die Praxis für ihren Sohn, einen Heroinabhängigen, durchzuführen. Wenn sie jedoch für ihren Sohn übte, fand sie das Thema überwältigend;

sie fand es auch überwältigend, die Übung für andere Familien in einer ähnlichen Situation durchzuführen. Aber sie wollte unbedingt in die Tonglen-Praxis hineinfinden. Da sah sie eines Tages im Fernsehen einen Bericht über die lokale Fußballmannschaft, die gerade ein Spiel verloren hatte. Also beschloss sie, Tonglen für die Verlierer zu üben. Zu ihrer Überraschung fand sie, dass sie damit keine Schwierigkeiten hatte. Nachdem sie diese Erfahrung gemacht hatte, wuchs ihr Zutrauen, dass sie die Übung auch für alles andere machen konnte.

Sobald Ihr Herz sich zu öffnen beginnt, öffnet es sich ganz von selbst für immer schwierigere Situationen. Deshalb sage ich manchmal, dass diese Praxis wie durch Magie oder durch Gnade funktioniert. Natürlich braucht es am Anfang etwas Überwindung, um die Verbindung mit dem eigenen Herzen herzustellen. Aber von einem bestimmten Punkt an nimmt das Herz die Sache selbst in die Hand und beginnt sich ganz von selbst weiterzuentwickeln.

Auch wenn es wichtig ist, dass Sie sanft mit sich umgehen und Ihr eigenes Tempo finden, muss klar sein, dass es beim Tonglen nicht darum geht, Schmerz auszuweichen. Einmal wurde Trungpa Rinpoche von einem Schüler gefragt: „Wie kann man sein Bestes geben, wenn man sich gerade besonders mies fühlt?“ Rinpoches Antwort war, dass man immer tiefer in dieses Gefühl des „Sich-mies-Fühlens“ hineingeht. Das hört sich nach einer ziemlich harten Anweisung an – aber dies ist es im Grunde, worum es beim Tonglen geht: bereit sein, näher an seinen Schmerz heranzugehen. Das heißt, dass wir das Selbstvertrauen und die Tapferkeit entwickeln, vielleicht noch eine Sekunde länger mit etwas zu sitzen, von dem wir zuvor glaubten, wir könnten unmöglich dabei bleiben.

Wenn wir dann mit der Lebendigkeit des Schmerzes in Berührung kommen, ist es wichtig, keine „große Sache" daraus zu machen. Schmerz ist einfach gewöhnlicher Schmerz. Natürlich versuchen wir nicht, die Wirklichkeit des Schmerzes zu verdrängen. Aber wir erkennen, dass er nicht gar so dramatisch ist, kein massiver Block, sondern dass er viel Raum und Offenheit enthält. Wir benutzen also die Sicht des Absoluten *Bodhichitta* – das man auch die „Absolute Keine-große-Sache" nennen könnte – als Heilmittel.

Wenn wir uns überwältigt fühlen, heißt das oft, dass unsere Aufmerksamkeit sich vom Schmerz des anderen verlagert hat hin zu unserer eigenen Furcht vor der gleichen Art von Schmerz. Ein Ratschlag ist deshalb, immer wieder sanft zu einer Wahrnehmung des Leidens der anderen Person zurückzukehren und damit so gründlich wie möglich in Kontakt zu kommen, statt sich in Befürchtungen zu verlieren, die auf die eigene Person bezogenen sind.

Zu den hilfreichsten Dingen, die wir in einem solchen Fall tun können, gehört wie immer, die Übung zu verallgemeinern, also unsere Perspektive so auszuweiten, dass sie das Leiden der gesamten menschlichen Rasse umfasst. Schmerz oder Furcht vor dem Schmerz sind nicht nur unsere eigene Sache oder die einer anderen Einzelperson. Wenn Sie dies wirklich begreifen, befreit Sie das aus dem privaten Gefängnis von Schmerz und Furcht und wird zu Ihrer Brücke zu dem, was alle Menschen auf diesem Planeten miteinander teilen.

Sich emotional taub fühlen

Manche Menschen haben das gegenteilige Problem. Statt von Gefühlen überwältigt zu werden, fühlen sie sich völlig taub, wenn sie Tonglen zu praktizieren versuchen. Selbst wenn ihr Geist während des Sitzens von Emotionen nur so brodelte, ist das alles plötzlich wie ausgelöscht, sobald sie Tonglen üben. Sie empfinden keinerlei Gefühle und kommen nicht in Kontakt mit ihrem Herzen.

So ging es mir selbst, als ich begann, Tonglen zu üben. Sobald die Glocke das Tonglen einläutete – Mattscheibe. Wenn die Glocke wieder ertönte, um das Ende der Tonglen-Übung zu signalisieren, wachte ich gewöhnlich mit einem Ruck auf und hatte keinen blassen Schimmer, was ich während der letzten fünfzehn Minuten getan hatte. Meine Übung begann sich erst drastisch zu verändern, als ich sie in den Alltag hineinnahm; das ist die Übung, die ich „Tonglen im Augenblick" nenne. Immer wenn ich in meinem täglichen Leben etwas sah, das mich tief bekümmerte und das ich nicht ändern konnte, machte ich Tonglen. Ich übte es auch, wenn ich mich nervös und angespannt fühlte, besonders wenn ich mich in einer Beziehung in einer Sackgasse fand. Dabei entdeckte ich, dass das Tonglen mehr Weite zwischen mir und der anderen Person entstehen ließ. Nachdem ich so eine Weile Tonglen im Augenblick geübt hatte, fühlte ich mich in der formellen Tonglen-Übung nicht mehr taub. Mein Herz war zugänglich, und es gab massenhaft Material, mit dem ich arbeiten konnte. Aus diesem Grund empfehle ich Tonglen im Augenblick immer wieder wärmstens. Wenn Sie im täglichen Leben die Tonglen-Haltung „anklicken" können, dann wird sie auch auf dem Kissen sehr viel authentischer.

Die Furcht, verschmutzt zu werden

Manche Menschen befürchten, verschmutzt und deshalb krank zu werden, wenn sie den Schmerz und die Krankheit anderer Menschen einatmen. Also verschließen sie sich, um sich selbst zu schützen. Beim Einatmen haben sie das Gefühl, ein großer Sack zu sein, der mit giftigen Dingen angefüllt wird. Das zeigt, dass sie die Übung gründlich missverstanden haben. Wenn wir einatmen, dann mit dem Wunsch, das Leiden der anderen Person zu lindern, aber wir nehmen nicht tatsächlich den Aids-Virus oder die klinische Depression oder die Wut des anderen in uns auf. Sehr fortgeschrittene Meditierende wie etwa der Buddha oder Milarepa konnten vielleicht tatsächlich die Krankheit eines anderen Menschen auf sich nehmen, aber das ist es nicht, was wir in der Tonglen-Praxis versuchen.

In seinem hervorragenden Buch *Das tibetische Buch vom Leben und vom Sterben* vermittelt Sogyal Rinpoche eine Methode der Tonglen-Übung, die uns hilft, das richtig zu verstehen. Wenn Sie etwas einatmen, das unerwünscht oder schwierig ist – seien es der Schmerz und die Verblendung eines anderen Menschen oder Ihre eigenen unwillkommenen Gefühle –, dann können Sie es sich als eine tiefe Dunkelheit vorstellen, welche die harte Rüstung um Ihr Herz herum auflöst. Die Rüstung ist hierbei ein Bild für die Verhärtung des Ego. Das Herz ist gegen alle Schmerzen und ungewollten Gefühle gewappnet. Es ist von einer harten Schale umschlossen, die es einengt und kaum atmen lässt. Die wahre Natur des Herzens ist jedoch wie die Sonne, die ständig scheint, aber von Wolken verdeckt sein kann. Die Dunkelheit einzuatmen, löst den dicken Wolkenschleier auf. Dann kann die Sonne von *Maitrī* und Mitgefühl ungehindert hervorscheinen.

Wenn Sie auf diese Weise Dunkelheit einatmen, dann können Sie sich vorstellen, dass sie eine heilende Kraft ist und nicht etwa etwas, das ein gefährliches Gift oder eine Verschmutzung darstellt. Die Dunkelheit löst die Barrieren auf, die uns leiden lassen und uns verwirren. Auf diese Weise erschließt sie die Offenheit und Zartheit des Herzens, die wir als kühl und heilend, frisch und licht erfahren. Wenn Sie es auf diese Weise ansehen, dann öffnet sich das Herz die ganze Zeit, sowohl beim Ein- als auch beim Ausatmen. Zuerst öffnet es sich, während wir einatmen und die Barrieren auflösen, dann öffnete es sich beim Ausatmen noch weiter.

Um dem Gefühl entgegenzuwirken, dass Sie mehr in sich aufnehmen, als Sie in der Lage sind zu verkraften, können Sie auch andere Bilder verwenden. Während Sie einatmen, können Sie sich vorstellen, dass Ihr Herz sich unendlich weit ausdehnt, so dass es alles aufnehmen kann, was hereinkommt. Oder Sie können sich Ihren Körper als hohlen Behälter vorstellen – also nicht als feste Masse aus Fleisch und Knochen – oder aber als ein durchscheinendes Hologramm aus Raum und Licht.

Nicht wissen, was man aussenden soll

Manche Menschen kommen in Verlegenheit, wenn sie versuchen, beim Ausatmen etwas Heilendes auszusenden. Entweder senden sie etwas aus, das so verschwommen und allgemein ist, dass es kaum noch eine Bedeutung hat. Oder aber sie versuchen spezifischer zu werden und verheddern sich dann in theoretische Überlegungen, während sie das genau passende Heilmittel für ein ganz spezifisches Leiden herauszufinden versuchen. Es kann auch sein, dass jemandem überhaupt nichts einfällt.

Es ist ganz in Ordnung, mit verschiedenen Ansätzen zu experimentieren. Die Hauptsache ist, dass es sich echt für Sie anfühlt. Bei manchen Menschen lösen die Wörter „Güte“ oder „Mitgefühl“ wirklich etwas in ihrem Inneren aus; aber für viele sind solche Wörter zu abstrakt – sie empfinden sie einfach als eine leere Begriffshülse. Um mit der Freiheit einer offenen Perspektive in Kontakt zu kommen, senden manche Menschen eine unendliche Weite aus, wie man sie angesichts des Ozeans oder des Himmels empfindet. Andere Menschen bevorzugen beeindruckende Szenerien aus der Natur, etwa das Bild des Grand Canyon oder der schneebedeckten Gipfel des Himalaja. Andere wiederum senden einfach ein Gefühl der Entspannung oder einen tiefen Seufzer der Erleichterung aus.

Es gibt Menschen, die etwas sehr Konkretes zu einer ganz bestimmten Person hin aussenden – eine herzliche Umarmung, einen wunderschönen Frühlingstag oder ein köstliches Mahl. Eine solche Geste des Gebens fühlt sich viel wirklicher für sie an als die Idee des Mitgefühls, die ihnen zu theoretisch vorkommt. Gehören Sie zu dieser Sorte von Menschen, dann können Sie besonders auf Dinge achten, die Ihnen im Alltag Freude machen und Sie dankbar dafür sein lassen, dass Sie leben. Wenn es dann später an der Zeit ist, mit dem Ausatmen etwas auszusenden, haben Sie eine viel klarere Vorstellung von dem, was sich zum Aussenden eignet.

Ein Beispiel hierfür ist eine meiner Freundinnen, die Tonglen üben wollte, um an der sehr schwierigen Beziehung zu ihrem schizophrenen Vater zu arbeiten. Aber ihr fiel nichts Echtes ein, das sie zu ihm aussenden konnte; alles schien ihr irgendwie an den Haaren herbeigezogen. Sie hatte nicht den Schimmer einer Ahnung, was ihr Vater brauchte, und sie dachte sogar, es sei überheblich zu glauben, sie könne das wissen. Doch eines Tages kam ihr der Gedanke, ihm einfach eine gute Tasse Kaffee zu senden; und sie konnte sich vorstellen, wie er sie mit einem Lächeln annahm. So funktionierte es plötzlich.

Ein anderes Beispiel ist eine Frau, die zu einer Lojong-Klausur in die Gampo Abbey kam. Sie war als Kind von ihrem Vater sexuell missbraucht worden. Sie erzählte mir, dass sie großes Mitgefühl mit in Käfigen gefangenen Vögeln habe; ja, sie selbst fühlte sich wie ein Vogel in einem Käfig. Beim Tonglen atmete sie also alle eingesperrten Vögel ein; beim Ausatmen öffnete sie die Tür des Käfigs und ließ alle Vögel frei. Eines Tages, als sie diesen Austausch machte, sah sie ein inneres Bild, wie alle Vögel hinausflogen und einer der Vögel sich auf der Schulter eines Mannes niederließ. Als der Mann sich umdrehte, erkannte sie in ihm ihren Vater wieder. Das war ein wirklicher Durchbruch für sie, und sie erfuhr einen Moment der Vergebung.

Im Grunde wissen wir niemals genau, was ein anderer Mensch wirklich erlebt. Wir haben den Eindruck, dass jemand feststeckt oder schwere Zeiten durchmacht – aber ganz sicher können wir nie sein. Wir müssen also dem, was wir zu anderen aussenden, nicht einmal ein begriffliches Etikett aufkleben. Ich persönlich glaube: Je weniger wir das benennen, was hereinkommt und hinausgeht, desto besser.

Manchmal kommt es nur darauf an, einfach mit der Absicht ein- und auszuatmen, die Situation für uns selbst und für andere zu heilen, also ohne eine spezifische Vorstellung von einem Heilmittel. Einfach beim Atmen bleiben und etwas Raum und Weite erzeugen reicht völlig aus. Auf diese Weise beruhigt sich alles, so dass wir auf nonverbale Weise damit in Kontakt treten können. Der Atem ist also einfach eine Weise, bei dem zu bleiben, was unser gemeinsames Menschsein ausmacht.

Andere Stützen der Übung

Wenn Sie Tonglen üben wollen, ist es ratsam, einen Meditationslehrer zu finden, mit dem Sie arbeiten können. Besonders am Anfang können viele Fragen zu der Übung auftauchen, die in diesem Buch nicht angesprochen werden. Und wenn Sie auf Hindernisse stoßen, tut es gut, jemanden zu haben, mit dem Sie darüber sprechen können. Im Anhang dieses Buches finden Sie Adressen von Shambhala-Zentren, in denen regelmäßig Tonglen praktiziert wird. Wenn Sie sich z. B. an eines dieser Zentren wenden, sollte es Ihnen helfen können, eine(n) Meditationslehrer(in) zu finden, die/der Erfahrung mit dem Tonglen hat.

Eine Gemeinschaft von Weggefährten, also ein Sangha, kann eine wunderbare Stütze für Ihre persönliche Praxis sein. Es tut gut, die eigenen Erfahrungen mit anderen teilen zu können. Zu ihrer Überraschung werden Sie finden, dass die anderen die gleichen Fragen und Probleme haben wie Sie selbst. Auch wenn die anderen keine fortgeschrittenen Praktizierenden sind, ist es oft schon hilfreich, wenn Sie einfach aussprechen können, was Sie erfahren, und ein wenig freundliches Feedback bekommen.

Sie könnten vielleicht auch einer Tonglen/Lojong-Studiengruppe beitreten oder eine solche gründen. Die Teilnehmer könnten sich zum Beispiel einmal im Monat treffen, um eine Stunde lang zu sitzen und Tonglen zu üben, und danach könnten sie die Lehren studieren. Wie sie das tun, ist nicht so wichtig. Man könnte zum Beispiel aus einem Buch mit Lojong-Unterweisungen vorlesen oder sich gemeinsam ein Tonband anhören und danach darüber diskutieren.

Wenn Sie mit tiefsitzenden persönlichen Problemen arbeiten, etwa mit einer Sucht oder mit der Erfahrung von Missbrauch, könnte es nötig sein, dass Sie über die Meditation hinaus noch etwas anderes unternehmen. Es wäre vielleicht gut, sich um eine Therapie zu bemühen. Das könnte im Rahmen einer Selbsthilfegruppe geschehen, wie zum Beispiel den Anonymen Alkoholikern. Oder Sie könnten unter vier Augen mit einem Therapeuten arbeiten – vorzugsweise mit jemandem, der Meditationserfahrung besitzt und die Prinzipien der *Bodhichitta*-Praxis versteht.

Hilft Tonglen wirklich?

Ich werde oft gefragt: „Hilft Tonglen wirklich den Menschen, für die ich es übe?" Ich denke, es hilft wirklich. Zuerst einmal hilft Tonglen ohne Zweifel jedem, der es übt. Es öffnet unser Herz und unseren Geist, und es erweckt unser *Bodhichitta* oder unser „Gutes Herz". Es kann auch anderen Menschen helfen, auch wenn die Wirkung nicht immer gleich offensichtlich sein mag – und es schadet ihnen ganz gewiss nicht. Es ist schwer zu erklären, wie das funktioniert; es hat etwas von Magie. Natürlich funktioniert es nicht im Sinne einer Ursache-Wirkung-Kette: Ich mache Tonglen für dich, und darum geht es dir besser. Und doch arbeiten wir da mit einer Art von Energie in unserem erweiterten Umfeld.

Trungpa Rinpoche hat gesagt, die Menschen würden aufgrund eines Problems in ihrem Umfeld krank – weil sie sich so verkrampft und klaustrophobisch fühlen. Tonglen ist eine Geste, die mehr Offenheit schafft, so dass andere mehr Weite und Entspannung und Leichtigkeit in ihrem Alltag erfahren können. Tonglen erzeugt also eine gesündere Atmosphäre für jedermann – für uns selbst und für andere.

Dr. Larry Dossey hat mehre Bücher über die Wirkung von Gebeten auf den Prozess der Heilung geschrieben, darunter *Heilende Worte.* Er führt Studien an, nach denen Gebete für andere eine positive Auswirkung auf deren Gesundheit haben. Es wurde sogar experimentell erwiesen, dass Gebete sich auf das Wachstum von Pilzen und Bakterien auswirken. Eine Studie zeigte, dass der Heilungsprozess bei HerzpatientInnen zwischen 50 und100 Prozent schneller ablief, wenn Menschen für sie beteten. Es scheint also ein größeres Energiefeld zu geben, durch das wir unsere Fürsorge für andere übertragen können.

Die Wirksamkeit der Praxis hat mit der Tatsache zu tun, dass wir alle wechselseitig miteinander verbunden sind – etwas, das Thich Nhat Hanh „Intersein" nennt. Es gibt eine fein abgestimmte Ökologie zwischen uns allen, und jede unserer Handlungen hat eine weit ausstrahlende Wirkung, die Kreise zieht wie die von einem in einen Teich geworfenen Stein hervorgerufenen Wellen. Jedes Mal wenn wir uns öffnen, wandern solche Wellen nach außen. Statt noch mehr Furcht, Aggression und Paranoia in die Welt zu setzen, bringen wir etwas mehr Friedfertigkeit, Offenheit und Liebende Güte in sie ein. Und indem Individuen sich innerlich wandeln, strahlt der Nutzen davon auf ihre Familie, ihre Gemeinde und die ganze Welt aus.

Es ist wie beim Brechen eines Langlauf-Weltrekords: Hat es erst einmal ein Läufer geschafft, dann ist es vielen anderen plötzlich auf wundersame Weise möglich, dasselbe zu tun. Genauso ist es mehr und mehr Menschen möglich, mit *Bodhichitta* in Kontakt zu kommen, wenn erst einmal ein Mensch bereit gewesen ist, zuerst an andere zu denken. Es verändert etwas in der Atmosphäre, das zur Transformation des gesamten Planeten beiträgt.

Meine eigene Erfahrung hat mir zudem Folgendes gezeigt: Mache ich Tonglen für jemanden, der sich in einer verzweifelten Situation befindet – etwa einen Obdachlosen, der auf der Straße lebt –, dann habe ich plötzlich keine Scheu mehr vor diesem Menschen. Ich kann ihm in die Augen sehen, mit ihm sprechen – als einem Mit-Menschen. Das ist an sich schon etwas ausgesprochen Wohltuendes. Menschen, die auf der Straße leben, sagen oft, das Schwerste für sie sei nicht etwa, dass sie kein Geld oder kein Heim haben, sondern dass die Leute an ihnen vorübereilen, ohne ihnen in die Augen zu schauen oder ihre Existenz wahrzunehmen. Was sie sich am meisten wünschen, ist, als menschliche Wesen erkannt zu werden. Viele Menschen machen eine ähnliche Erfahrung im Krankenhaus. Wenn uns das Tonglen also ermöglicht, mit einem Mit-Menschen in Kontakt zu kommen, dann ist das meiner Ansicht nach schon ein beachtlicher Nutzen.

Übe ich Tonglen für eine schmerzliche Beziehung, dann scheint das nach meiner Erfahrung sowohl der anderen Person als auch mir selbst zu helfen. Auch wenn ich die Übung nicht ausdrücklich für die andere Person durchführen kann, weil mein Verhältnis zu ihr zu gespannt ist, scheint es ihr dennoch zugute zu kommen, weil die Chemie der gesamten Beziehung sich verändert. Es gibt viele Berichte über die positiven Auswirkungen von Tonglen auf Sterbende. Selbst wenn sie nicht wissen, dass jemand in ihrer Gegenwart Tonglen für sie übt, öffnen sie plötzlich die Augen und sagen: „Ich weiß nicht, was du da machst – aber bitte mach weiter.“ Sie fühlen sich weniger verkrampft und klaustrophobisch, haben ein Gefühl von Weite, eines Raums, in den sie sich entspannen können.

Alles in allem gefällt mir Trungpa Rinpoches Antwort auf die Frage, ob Tonglen wirklich hilft, sehr gut: Wenn jemand auf der anderen Seite der Erde Schmerzen hat, würde es diesem Menschen nicht helfen zu wissen, dass jemand sich um ihn kümmert? Wie Sie sehen, ist die Angelegenheit gar nicht so metaphysisch – sie ist einfach und sehr menschlich.

Fragen und Antworten

Dieses Kapitel enthält Fragen zum Tonglen, die auf vielen meiner Tonglen-Seminare gestellt wurden. Ich habe sie unter drei Überschriften zusammengefasst:

- Allgemeine Fragen
- Fragen zur Technik
- Tonglen für Alltagssituationen

Sie haben gesagt, Tonglen sei eine Übung zur Transformation. Was ist der Unterschied zwischen Transformation und dem Versuch, sich zu verändern?

Es gibt einen sehr wichtigen Unterschied zwischen Transformation und Veränderung. Veränderung beinhaltet einen Kampf gegen etwas, aber Transformation geschieht nicht durch Kampf. Irgendwie scheinen wir genetisch dazu programmiert zu sein, das Gefühl zu haben, dass 1. etwas nicht in Ordnung ist mit uns, und dass wir 2. das in Ordnung bringen müssen. Wir haben das Gefühl, uns ändern und bessere Menschen werden zu müssen. Wir müssen uns von unseren üblen Eigenschaften befreien: Zorn, Eifersucht, Süchten und all dem anderen. Aber diese Weise, über uns zu denken, ist ziemlich aggressiv und außerordentlich schädlich. Im Gegensatz dazu ist es die Sicht unserer Tradition, dass die fühlenden Wesen so, wie sie sind, grundlegend gut und vollkommen sind, und dass die Meditationspraxis Transformation von selbst geschehen lässt, ohne dass wir versuchen, etwas zu ändern.

Nun mögen Sie fragen: „Heißt das, dass ich mich nie ändern kann – dass ich zum Beispiel für den Rest meines Lebens an Suchtverhalten leiden muss?“ Nun, das ist eine sehr verständliche Frage. Ich glaube, dass sich nichts wirklich ändern wird, außer vielleicht vorübergehend, wenn Sie von einer Logik des Strebens nach Selbstveränderung ausgehen. Solch ein Ansatz kann langfristig nicht funktionieren, denn wir kämpfen dabei gegen unsere grundlegende Energie an. Transformation hingegen achtet die uns innewohnende Energie als Quelle der Weisheit und des Mitgefühls. Komischerweise geschieht Transformation nicht dadurch, dass wir versuchen, etwas zu ändern. Sie ereignet sich nur, wenn wir klarsehen. Wenn Sie klar genug sehen, beginnen Sie die Barrieren der Ich-Verhaftung zu durchschauen. Sie können Ihr Ego nicht loswerden, indem Sie mitten auf den Atlantik fahren, es an einen Anker binden und auf den Meeresgrund versenken – ganz einfach weil das Ego kein Ding ist. Es ist ein Konglomerat von Verhaltensmustern und Gewohnheiten, das keinerlei Substanz besitzt, wie sich herausstellt, wenn wir es genauer untersuchen. Dennoch haben diese Muster und Gewohnheiten uns völlig davon überzeugt, dass sie wirklich sind, und sie motivieren alles, was wir tun. Der Trick besteht darin, sie uns wieder und wieder anzusehen – mit soviel Klarheit und *Maitrī* wie möglich. Wenn Sie sie dann zu durchschauen beginnen, haben die Muster Sie nicht länger im Griff. Das ist dann echte Transformation.

Führt Tonglen dazu, dass wir das Leiden in der Welt akzeptieren, ohne noch etwas daran ändern zu wollen?

Beim Tonglen geht es nicht darum, Unrecht und Grausamkeit zu akzeptieren; aber es hat auch nichts mit selbstgerechter Entrüstung zu tun. Es geht dabei um einen fundamentalen, echten Wandel. Es basiert auf dem Verständnis, dass Mitgefühl eine Beziehung zwischen Gleichgestellten ist und nicht irgendeine Art von Mitleid oder Märtyrertum. Zum Tonglen gehört, dass wir mit der Authentizität unserer eigenen Erfahrung in Berührung kommen, statt uns ihr zu verschließen, und uns dann für andere öffnen können. Wenn andere Menschen dann ein Gefühl wie Zorn in Ihnen auslösen, fürchten Sie es nicht mehr. Oder vielleicht fürchten Sie es zwar noch, aber Sie gehen sanft und mit Mitgefühl für sich selbst damit um.

Tonglen ist die Grundlage für mitfühlende Kommunikation. Statt in dem Gefühl, gegen einen Feind zu kämpfen, gegen soziale Ungerechtigkeit anzugehen, beginnen Sie sich in die Situation anderer zu versetzen und zu verstehen, wie andere Menschen die Welt ganz anders sehen als Sie selbst. Nun ist die Situation nicht mehr zementiert und blockiert – sie kann sich entwickeln. Wirkliche Kommunikation kann stattfinden, und wirklicher Wandel kann sich ereignen. Aber das beginnt auf einer sehr persönlichen Ebene: Sie bekennen sich zu Ihrer eigenen Situation, atmen ein und öffnen Ihr Herz für das, was Sie fühlen; dann erkennen Sie an, dass andere ebenso empfinden.

Wie kann ich beim Entwickeln von Mitgefühl mit Grenzen arbeiten – etwa mit denen meiner finanziellen Mittel oder meiner Energie? Was ist der Unterschied zwischen dem Ziehen vernünftiger Grenzen und einem Festhalten am Ego?

Auf dem Bodhisattva-Pfad wird Großzügigkeit als ein Geben mit vollkommen offenem Herz und Geist definiert. Auf der innerlichen Ebene gibt es keine Grenzen für die Öffnung unseres Herzens, aber im äußerlichen Bereich ist es so, dass wir nur über begrenzte Mittel und Energie verfügen. Wir müssen also in unserem eigenen Tempo vorgehen.

Das kann man analog zum Bild der Bodhisattvas sehen, die alle Wesen als ihre Gäste einladen. Anfangs sind wir vielleicht noch nicht bereit, unsere Tür für die ganze Welt zu öffnen. Also öffnen wir sie nur einen kleinen Spalt, aber mit dem Wunsch, dass wir sie eines Tages ganz aufmachen können. Wir öffnen die Tür in unserem eigenen Tempo, und manchmal müssen wir sie wieder zumachen. Aber wir schließen sie nicht für immer. Wir lernen die Natur unserer Furcht kennen und werden auf diese

Weise mutiger. Indem wir ehrlich und sanft mit uns selbst umgehen, verstehen wir immer besser, mit unserer Energie umzugehen.

Wie erkennt man den Unterschied zwischen wahrem Mitgefühl und Idiotenmitgefühl?

Idiotenmitgefühl heißt, dass wir es immer allen Leuten recht machen und ihnen alles geben wollen, was sie sich wünschen, auch wenn es nicht wirklich gut für sie ist. Sie sind immer nett, immer bemutternd, immer lächelnd. Aber Sie sagen nie: „Nein. Das ist nicht in Ordnung." Sie ziehen keine Grenzen, was aber genau das sein könnte, was nötig ist.

Wenn jemand zum Beispiel sehr aggressiv ist und seiner Umwelt schadet, dann wäre es Idiotenmitgefühl, wenn man ihm gegenüber beschwichtigend und ausgesprochen freundlich wäre, statt Nein zu sagen. So verhält man sich aus Furcht, die Person könnte einen nicht mögen oder es könnte zu einer unangenehmen Konfrontation kommen. Es kann auch sein, dass wir einfach zu erschöpft sind, um uns zu behaupten. Wenn Ihr Kind gerade seine Hand auf den heißen Ofen legen will, dann würden Sie natürlich niemals sagen: „Gut so, Liebes. Mach nur weiter." Sie würden lautstark „Halt!" schreien. Solch echtes Mitgefühl mag in manchen Momenten grob erscheinen, aber Idiotenmitgefühl ist überhaupt kein Mitgefühl – es ist eher so etwas wie Bequemlichkeit.

Während unsere Übung von Mitgefühl mehr und mehr ausreift, erkennen wir immer besser, was jemand anderem helfen kann – indem wir uns nämlich ansehen, was uns selbst wirklich hilft. Sowohl unsere Weisheit als auch unsere Ressourcen nehmen zu: das Wissen, was getan werden muss, und die Fähigkeit, es zu tun. Weisheit entwickelt sich oft vor den Ressourcen: Wir wissen, was Not tut, aber wir können noch nicht dementsprechend handeln. Aber im Lauf der Jahre lernen wir aus unseren Fehlern, und es entsteht eine Balance zwischen unserer Weisheit und unseren Ressourcen.

Wenn Schmerz ein so guter Lehrmeister ist, warum sollte ich dann mir und anderen wünschen, ihn loszuwerden?

Manche Menschen haben mir berichtet: „Fast alles, was ich gelernt habe, ist aus dem Schmerz erwachsen; das Glück zu suchen hat mich nur in Schwierigkeiten gebracht. Es ist wahr: Wir lernen tatsächlich aus dem Schmerz. Damit zu arbeiten ist der Schlüssel zur Transformation unserer tiefsitzenden Gewohnheitsmuster. Doch wenn wir mit dem Wunsch einatmen, andere mögen frei sein von Schmerz, dann wünschen wir uns im Grunde, dass ihnen erspart bleibt zu kämpfen, sich zu verhärten, sich zu verschließen, wenn sie mit Schmerz in Berührung kommen. Wir wünschen uns auch, dass wir alle durch den Schmerz weicher werden mögen, dass wir uns nicht von ihm zu Worten und Taten anstacheln lassen, die alles nur noch schlimmer machen. Tonglen ist ein wunderbares Beispiel dafür, wie wir den Schmerz benutzen können, um in Kontakt mit dem uns allen gemeinsamen Menschsein zu kommen: unserer Liebesfähigkeit, unserem Vermögen, für andere zu sorgen und wirkliche Freude empfinden finden zu können, statt zuzulassen, dass der Schmerz stets unseren Zorn auslöst und unser Herz noch härter werden lässt.

Ist es wirklich möglich, alle Grenzen aufzulösen? Wenn ich mein Herz völlig öffne, kann es dann nicht sein, dass die Leute einfach über mich hinwegtrampeln?

Es geht nicht darum, alle Grenzen abzubauen. Die Essenz der Praxis besteht darin, auf der Grundlage von grenzenlosem Mitgefühl mit uns selbst für andere Menschen da zu sein. Wenn Sie unerschütterlich sich selbst anschauen können – ohne zurückzuschrecken, ohne sich zu verschließen, ohne zu verdammen, ohne zu beurteilen –, dann können Sie auch für andere da sein. Grenzen ziehen ist tatsächlich etwas sehr Mitfühlendes, sowohl für Sie selbst als auch für andere. Die Schranken des Ego führen zu Verblendung und dazu, dass das Leiden sich aufschaukelt. Aber vernünftige Grenzen ziehen, das erzeugt Klarheit und macht Kommunikation überhaupt erst möglich. Stellen Sie sich zum Beispiel vor, Sie steckten in einer Beziehung fest, in der Sie geschlagen werden. Die Frage ist doch: Warum lassen Sie zu, dass das wieder und wieder geschieht? Gut, die Situation mag kompliziert sein, aber hier ist offenbar eine Form von Ignoranz im Spiel. Sie sind nicht bereit, sich wirklich anzusehen, was da geschieht. Sie nähren die blinde Hoffnung, dass Sie irgendwie doch noch glücklich werden können, wenn Sie diese Beziehung aufrechterhalten, die doch so grundlegend destruktiv ist. Aber an einem bestimmten Punkt – gewöhnlich mithilfe anderer und aufgrund einer Stärkung ihres Vorrats an Mut, Klarheit und Mitgefühl mit sich selbst – sind Sie in der Lage zu sagen: „Wenn du mich noch *einmal* schlägst, dann gehe ich."

Grenzen zu ziehen verlangt natürlich viel Mut. Die andere Person – Ihr Ehepartner, Ihr Boss, Ihr Kind – hört das wahrscheinlich nicht gern und wird wütend. Aber wenigstens weiß sie jetzt, woran sie ist. Ob Sie jetzt also sagen: „Das packe ich einfach nicht, ich gehe", oder ob Sie sich entschließen zu bleiben und mit der Situation zu arbeiten – wenigstens besteht Klarheit.

Wir sagen, dass die Übung des Tonglen die Barrieren des Ego auflöst, aber das heißt nicht, dass wir keine Grenzen haben können. Unser Ego möchte alles zu den eigenen Bedingungen haben, weil es sich fürchtet: Furcht vor der Bodenlosigkeit, Furcht vor der Offenheit, Furcht, die Kontrolle zu verlieren. Durch die Übung der Konfrontation mit unserer Furcht und dadurch, dass wir offener werden, lösen die Barrieren des Ego sich auf, und das Zutrauen zu unserem eigenen grundlegenden Gutsein und unserer Würde als Menschenwesen wächst. Aus Respekt vor uns selbst und vor anderen können wir dann klare Grenzen ziehen. Jetzt haben wir nämlich mehr Einsicht gewonnen in das, was zu Geistesklarheit und wahrer Fürsorge führt.

Wenn wir mithilfe von Tonglen die Barrieren unseres Ego auflösen, dann hat das nichts von Selbstbestrafung; wir prügeln uns nicht selbst den Verstand aus dem Leib. Wir werden in der Tat immer klarer. Ein sehr wichtiger Aspekt des *Bodhichitta* ist *Prajñâ*, also Intelligenz. *Prajñâ* durchschaut jede Neigung zum Aufpäppeln unseres Ego, das auf Furcht und Kampf basiert. Auf diese Weise gibt sie uns Raum zur Entspannung, zum Weicher-Werden, uns mehr in unserer Welt zu Hause zu fühlen. Wir werden durch diesen Prozess also keinesfalls unfähiger, sondern vielmehr immer menschlicher, und wir sind eher in der Lage, ohne Furcht zu leben und zu sterben.

Wenn Leiden ein Traum oder eine Illusion ist, wozu soll man dann Tonglen üben?

Die buddhistische Sicht der Wirklichkeit umfasst sehr viel mehr als die Losung „Betrachte alle Dharmas als Traum“. Das ist nur eine Seite der Medaille. Um es genauer zu formulieren: Die buddhistische Sicht ist, dass wir das, was geschieht, nicht festnageln können. Auch wenn wir versuchen, die Welt mit unserem Verstand greifbar und sicher zu machen, wissen wir doch in Wirklichkeit nie ganz sicher, was tatsächlich los ist. Ob wir unsere Erfahrung nun als gut oder schlecht, richtig oder falsch, wirklich oder unwirklich einstufen – wir versuchen, die Wirklichkeit irgendwie abzuchecken und unsere Identität zu bekräftigen. Einerseits können wir nicht einfach sagen: „Alles ist dingfest und kompakt.“ Andererseits können wir auch nicht einfach sagen: „Alles ist leer; Schmerz ist eine Illusion.“ Beide Aussagen verfehlen die Wahrheit.

Die wahre buddhistische Sicht ist eine Offenheit, die über Ja oder Nein, festgefügt oder nicht, Traum oder Nichttraum hinausgeht. Es geht um einen offenen Geist und ein offenes Herz, die sich nicht auf Theorien und Glaubenssätze versteifen. Der Zweck der Praxis ist also, jene Art von Denken aufzulockern, welche die Dinge greifbar und verlässlich macht, und sich in die grundlegende Bodenlosigkeit und Wärme hinein zu entspannen.

Was kann ich tun, wenn ich mich während des Tonglen schuldig fühle wegen der relativen Geringfügigkeit meines eigenen Leidens? Es scheint in keinem Verhältnis zu stehen zu dem unsäglichen Leid, das manche Menschen erfahren.

Ich glaube nicht, dass Ihr Leiden derart geringfügig ist. Natürlich mag jemand anderer größere körperliche Schmerzen leiden oder in einer verzweifelteren Lage sein als Sie selbst. Aber Ihre Schuldgefühle – ganz zu schweigen von Ihrer Einsamkeit, Ihrem Zorn, Ihrer Eifersucht, Ihrer Traurigkeit oder Ihrem Gefühl, nicht gut genug zu sein – sind so unwillkommen und schmerzlich wie die irgendeines anderen. Sie müssen keine große Sache aus Ihren Gefühlen machen; aber seien Sie sich bewusst, dass sie Ihre Art sind, mit dem Leiden anderer Menschen mitzufühlen.

Sie können sich nicht in die Lage anderer versetzen, bevor Sie nicht Ihre eigene Lage vollkommen angenommen haben.

Unsere Vorstellung von Mitgefühl mit anderen ist manchmal vermengt mit dem Gefühl unserer eigenen Wertlosigkeit. Als Kinder sind wir zu dem Denken erzogen worden, das wir uns selbst hinter andere zurücksetzen sollten. Das hat dem Glauben Nahrung gegeben, dass wir selbst nicht gut genug sind. Tonglen ist eine Chance, das umzudrehen – zu erkennen, dass wahre Liebe und echtes Mitgefühl für andere immer auf Liebe und Mitgefühl für uns selbst basieren. Sie selbst und die anderen sind untrennbar miteinander verbunden. Wenn Sie Tonglen üben, dann tun Sie es immer für sich selbst und für andere gleichzeitig. So können Sie dann *Maitrī* und Mitgefühl zu sich selbst und zu all jenen aussenden, die sich schuldig dafür fühlen, dass sie sich selbst lieben. Und wenn das hilft, können Sie sich auch vorstellen, dass Sie zu sich selbst als Kind Liebe aussenden.

Viele Menschen fühlen sich schuldig, weil ihr Leben leichter ist als das anderer. Aber es wäre genauso begründet, dankbar dafür zu sein, dass sie jetzt ein gutes Leben haben. Wir können nie wissen, welches Leiden noch auf uns zukommt: Vielleicht erleiden Sie einen Schlaganfall oder finden heraus, dass Sie Krebs haben, oder Ihr Kind kommt bei einem Unfall ums Leben. Natürlich hat es keinen Sinn, immer das Schlimmste zu befürchten. Aber wenn Sie der Möglichkeit eingedenk sind, dass Sie das, was Sie schätzen und lieben, verlieren könnten, dann könnte das Ihren Sinn für Dankbarkeit und für die Kostbarkeit des Lebens verstärken.

Was kann ich tun, wenn es mir schwerfällt, Tonglen für mich selbst zu üben, weil es mich so hart ankommt, bei meinem eigenen Schmerz zu bleiben?

Es ist ohne Zweifel ein sehr verbreitetes Gefühl, überwältigt zu sein. Manche Menschen finden heraus, dass sie anders herum anfangen müssen, also mit dem Schmerz anderer Menschen. Wenn Sie sich zum Beispiel sehr fürchten, dann könnte es einfacher sein, erst einmal Tonglen für die Furcht eines Freundes zu machen und es dann auf sich selbst auszuweiten. Sie können so vorgehen, wie es für Sie selbst am besten funktioniert. Auf keinen Fall sollten Sie die Übung jedoch dazu benutzen, einfach über Ihre eigenen Gefühle hinwegzugehen.

Ich nenne diese Praxis gern auch die „große Enthüllung", denn sie zeigt uns all die Gewohnheiten, die wir gewöhnlich zu verstecken versuchen. Wenn Sie für andere alles tun, nur um Ihren eigenen Schmerz nicht fühlen zu müssen, dann ist das kein Mitgefühl – es ist Märtyrertum. Darum ist es ganz in Ordnung, mit dem Schmerz anderer zu beginnen, aber vergessen Sie dann auf keine Fall, sich selbst irgendwann mit einzuschließen. An welchem Ende Sie auch beginnen mögen, zu der Praxis gehören immer Sie selbst und andere. Die beste Medizin gegen das Gefühl des Überwältigtseins ist, sich mit anderen zu identifizieren und mit ihnen zu fühlen.

Fragen zur Technik

Was kann ich tun, wenn ich während des Tonglen Schwierigkeiten mit dem Atmen habe?

Das ist ein ziemlich verbreitetes Problem. Aus diesem Grunde empfehle ich, „Tonglen im Augenblick" zu üben. Wenn Ihnen die Dinge des täglichen Lebens ein bisschen viel werden, dann können Sie mit der Einstellung an sie herangehen, dass Sie bereit sind, für alles, was geschieht, erreichbar und offen zu sein. Ganz gleich, ob Sie ein- oder ausatmen – Sie sind einfach präsent. Dann öffnen Sie sich beim Einatmen und Sie öffnen sich beim Ausatmen.

Es kann vorkommen, dass Sie in der formellen Praxis das Gefühl haben, Ihr Hals sei beim Atmen wie eingeschnürt oder verstopft. Wenn es dazu kommt, ist es gut, sich daran zu erinnern, dass das Atmen nicht der wesentliche Punkt der Übung ist – er ist nur ein Hilfsmittel, um im gegenwärtigen Moment zu bleiben. Sie können sich entspannen und Ihre Aufmerksamkeit von Ihrem Hals und den körperlichen Schwierigkeiten mit dem Atmen weg verlagern. Sie können sich vorstellen, dass Sie durch alle Poren des Körpers ein- und ausatmen oder durch ein sehr weites Herz.

Immer dann, wenn das Atmen ein Problem darstellt, können Sie diese Tatsache auch einfach zur Kenntnis nehmen und sich klarmachen, dass viele andere Menschen das gleiche Problem haben. Sie können die Atemzüge auch ein wenig übertreiben: Atmen Sie tief ein und atmen Sie ebenso tief aus. Es ist hilfreich, sich sowohl das Einatmen als auch das Ausatmen als einen Prozess des Öffnens vorzustellen. Dann müssen Sie nicht genau verfolgen, was nun „ein" und was „aus" ist.

Es kann auch eine Hilfe sein, wenn man die Panik zur Kenntnis nimmt und dann sein gesamtes Sein öffnet. Stellen Sie sich vor, dass Sie zum Himmel werden, und öffnen Sie sich für diese Empfindung – da ist keine Enge, in der irgend etwas steckenbleiben könnte. So kehren Sie die Tendenz um, festzuhalten und sich zu verschließen, indem Sie Ihren Hals, Ihren Bauch und Ihr gesamtes Sein verkrampfen. Während Sie nun einatmen, können Sie sich körperlich entspannen und diese Entspannung dann aussenden.

Wenn ich die Qualitäten von dunkel, heiß und schwer einatme, wohin gehen die dann?

Das ist eine häufig gestellte Frage. Als Trungpa Rinpoche begann, Tonglen einzuführen, hatten einige seiner Schüler eine „Schwarzer-Sack-Theorie". Die Theorie besagte, dass man in einen großen Sack einatmet, der all das giftige Zeug aufnimmt. Das war natürlich ein totales Missverständnis. Zu der Zeit meinte einer der Schüler: „Ich mache diese Übung zwar, aber insgeheim hoffe ich, dass sie nicht funktioniert."

Trungpa Rinpoche bezeichnete den Prozess des Tonglen als eine Art spirituelle Ökologie. Es ist, als säße man in einem Raum, der so voll von schwarzem Kohlenstaub ist, dass niemand etwas sehen kann. Während des Tonglen atmet jedermann den heißen Kohlenstaub ein und sendet frisches, kühles Licht aus, so dass der Raum schließlich völlig gereinigt ist.

Wir könnten versuchen, die philosophischen Lehren über die Leere heranzuziehen, und sagen, dass sowohl wir selbst als auch das, was wir einatmen, keine wirkliche Substanz haben; sie sind in Wirklichkeit nicht gar so kompakt. Aber wenn wir uns in einer rechten Klemme befinden, dann hilft uns Philosophie nicht besonders. Deshalb ziehe ich es vor, das Bild des sich weit öffnenden Herzens zu benutzen: Der Schmerz und die Schwärze treten in einen riesigen Raum im Inneren Ihres Herzens ein, der Unmengen von Verschmutzung aufnehmen kann.

Die Dunkelheit, die wir einatmen, ist ja im Grunde nur eine Visualisierung, die wir in unserem Geist erzeugen. Sie repräsentiert die Neigung unseres Herzens und Geistes, sich zu verschließen und zu verhärten. Es ist etwas, das wir nicht loswerden können, indem wir es etwa in eine Kiste sperren und von einer Felsenklippe stürzen. Es ist auch nichts Fremdes, das wir in unser System aufnehmen.

Wir lernen einfach, uns zu öffnen. Wir öffnen uns beim Einatmen, indem wir die Schwärze in ein weites, offenes Herz aufnehmen. Wir öffnen uns beim Ausatmen, indem wir Weite und Licht aussenden. So oder so, ein oder aus – wir öffnen uns immer weiter.

Wenn ich die Qualitäten von kühl, weiß und licht ausatme, woher kommen die dann?

In einer der von Sogyal Rinpoche präsentierten Variante der Technik kommt schwarzes Licht herein und löst die das Herz umgebenden Barrieren auf, so dass das von selbst existierende weiße Licht im Inneren hervorstrahlen kann. Man könnte sagen, dass das weiße Licht *Bodhichitta* ist, welches immer gegenwärtig ist, auch wenn wir es üblicherweise nicht erfahren, weil es von einer Rüstung umgeben und abgeschottet ist. Das schwarze Licht einzuatmen, löst also die Verfestigung und das Festhalten auf, die unsere wahre Natur verschleiern. Dann können Sie automatisch das weiße Licht des *Bodhichitta* aussenden.

Dies ist ein sehr profundes Verständnis der Praxis. So wie die Luft, die Sie atmen, ist *Bodhichitta* nicht Ihr eigener Besitz noch der von irgendjemand anderem. Es ist ein immer anwesender und aus sich selbst existierender Reichtum, zu dem man jederzeit Zugang gewinnen kann. Je mehr es uns gelingt, uns auf diesen Reichtum einzustimmen, desto mehr haben wir zu geben.

Muß ich während einer Übungssitzung immer durch alle vier Abschnitte der Praxis gehen?

Wenn Sie Tonglen im Augenblick üben, müssen Sie definitiv nicht durch alle vier Abschnitte gehen. Sie gehen direkt zum dritten Abschnitt, nehmen den Schmerz auf, den Sie in Ihrer

Umgebung wahrnehmen oder in sich selbst fühlen, und senden Erleichterung für sich selbst und für andere aus.

Wenn Sie jedoch beginnen, die formelle Tonglen-Technik anzuwenden, ist es hilfreich, sie erst einmal sorgfältig zu erlernen, indem Sie Schritt für Schritt durch alle Abschnitte gehen. Wenn Sie dann später besser mit der Übung vertraut sind, können Sie weniger Zeit mit dem zweiten Abschnitt verbringen, der manchen Menschen zu begrifflich vorkommt. Wenn dieser zweite Abschnitt bei Ihnen einfach nicht funktionieren will, können Sie ihn auch ganz weglassen. Es gibt genügend Spielraum für persönliche Varianten dieser Übung. Es ist meiner Ansicht nach jedoch immer wichtig, den vierten Abschnitt der Ausdehnung auf andere zu praktizieren.

Was kann ich tun, wenn der vierte Abschnitt der Ausdehnung auf andere mir zu abstrakt und theoretisch vorkommt?

Es ist für die Praxis natürlich wichtig, dass sie sich einigermaßen real anfühlt. Wenn Sie versuchen, an Menschen zu denken, die „im selben Boot sitzen", dann mag Ihnen das nicht allzu wirklich vorkommen. Es kann sein, dass Sie es für zu theoretisch halten. Aber auch wenn es Ihnen nicht besonders real vorkommt, ist es sehr wichtig, den vierten Abschnitt zu praktizieren, weil das dazu beiträgt, die Welt, wie Sie sie jetzt erfahren, zu dehnen und auszuweiten. Der Schlüssel zu einer realistischeren Erfahrung der ganzen Angelegenheit ist, erst einmal mit dem Mitgefühl und der Liebe in Verbindung zu treten, die Sie sowieso schon fühlen. Wenn Sie einmal mit einem echten Empfinden von Mitgefühl in Kontakt kommen, dann geschieht im Allgemeinen die Ausdehnung ganz von selbst. Aber zuerst müssen Sie sich daran erinnern, dass es da draußen eine wesentlich größere Welt gibt.

Was, wenn ich das Ein- und Ausatmen nicht mit der Visualisierung von Aussenden und Aufnehmen koordinieren kann? Manchmal habe ich das Gefühl, dass ich für jeden Austausch fünf Minuten brauche.

Wenn Sie mit etwas in Berührung kommen, das Sie sehr tief berührt, dann kann es schwierig werden, das mit einem Ein- und Ausatmen zu synchronisieren. Darum empfehle ich, Tonglen im Augenblick zu üben. Je unmittelbarer und realer die Dinge sind, desto leichter ist die Übung auszuführen. Wenn Sie im täglichen Leben Tonglen im Augenblick praktizieren – während Sie die Straße entlanggehen, wenn Sie in einem Verkehrsstau festsitzen, wenn Sie im Supermarkt in einer langen Schlange warten müssen, einfach in jeder schmerzlichen Situation, die entsteht –, dann scheint die Koordination mit dem Ein- und Ausatmen ganz von selbst zu geschehen. Haben Sie einmal gelernt, Tonglen im Augenblick zu üben, dann werden Sie nicht mehr so schnell steckenbleiben, wenn Sie es auf dem Kissen üben.

Manche Menschen fragen, ob sie zum Beispiel drei komplette Atemzüge mit der Empfindung des Aufnehmens verbinden können und drei komplette Atemzüge mit dem Aussenden. Ich sage ihnen gewöhnlich, dass es in Ordnung ist, das zu tun. Es gibt da keinen Aufpasser!

Manchmal, wenn ich Tonglen praktiziere, versuche ich einfach, mit dem furchterregenden oder schmerzlichen Gefühl in Kontakt zu kommen, ohne mich sonderlich um Ein- und Ausatmen zu kümmern. Ich bleibe einfach bei dem Gefühl und gebe ihm beim Einatmen so viel Raum wie möglich und gebe ihm beim Ausatmen so viel Raum wie möglich. Diese Methode kann uns helfen, das Konzept zu überwinden, dass die Emotion beim Ausatmen gänzlich verschieden sein muss von der beim Einatmen.

Kann ich bei der Übung in einer Gruppe mit dem Tonglen fortfahren, nachdem die Glocke ertönt ist?

Ja, Sie können so lange Tonglen üben, wie Sie mögen. Es ist aber auf jeden Fall eine gute Idee, die Übung mit etwas reiner Sitzmeditation abzuschließen. Das Sitzen hat die Qualität des ersten Aufblitzens von Absolutem *Bodhichitta*. Indem Sie dabei immer wieder von Ihren Gedanken ablassen und sich am Ende des Ausatmens öffnen, verbindet es Sie mit einem Sinn für den größeren Raum und die traumhafte Natur der Gedanken. Aus diesem Grund wird immer empfohlen, das Tonglen mit jeweils einer Runde Sitzen einzurahmen.

Tonglen für Alltagssituationen

An welchem Punkt ergreifen wir die Initiative, um einem Menschen tatsächlich zur Hilfe zu kommen?

Es muss nicht erst betont werden, dass wir versuchen, anderen in Wort und Tat beizustehen, wann immer das möglich ist. Heutzutage wird das Thema des „engagierten Buddhismus" in vielen Büchern und Zeitschriften diskutiert. Thich Nhat Hanh und Joanna Macy sind zwei Vertreter dieses Ansatzes, unsere Übung von Achtsamkeit und Liebender Güte in die Welt hinauszutragen. Es gibt viele verschiedene Wege, auf denen wir andere Menschen erreichen können, und sie müssen nicht unbedingt spektakulär sein. Zu Beginn ist es gut, damit vor der eigenen Haustür anzufangen. So könnte ich zum Beispiel geduldig einer Freundin zuhören, die in Schwierigkeiten steckt, und sie herzlich umarmen. Ich könnte auch einer Person auf der Straße zulächeln und ihr ein paar Münzen geben. Ich kann aber auch in einer Suppenküche oder einem Hospiz arbeiten, oder ich kann eine wichtige politische Kampagne unterstützen. Oder ich könnte jemandem, den ich kenne und der gerade bereit dazu ist, ein Buch über die *Bodhichitta*-Praxis leihen. Anderen zu helfen kann manchmal bedeuten, unsere eigene Sicherheit zu riskieren. Ein Mann hat mir einmal erzählt, dass er eines Morgens in seiner Küche draußen auf der Straße eine Frau schreien hörte. Ihm wurde in dem Moment deutlich, dass er zwar bereit war, Tonglen für sie zu üben, dass er jedoch ganz froh darüber war, sicher in der Küche zu sitzen und nicht draußen auf der Straße zu sein. Schließlich gingen er und seine Hausgenossen dann doch hinaus, um der Frau zu helfen. Aus dieser Erfahrung lernte er, wie es sich anfühlt, wenn man gern helfen würde, sich aber nicht traut. So konnte er sowohl mit der Frau draußen auf der Straße fühlen als auch mit den Menschen, die nicht aus ihren Häusern kamen, um zu helfen.

Dies ist eine Situation aus dem wirklichen Leben, in die wir selbst geraten könnten. Es wäre interessant, uns zu fragen, wie wir uns wohl in dieser Situation verhalten würden. Natürlich wissen wir, dass wir helfen sollten. Aber mit „sollte“ und „sollte nicht“ kommen wir im wirklichen Leben nicht weit. Wir können nie mit Sicherheit sagen, wie wir uns verhalten hätten. Wir wissen es einfach nicht. Solche Ehrlichkeit mit uns selbst macht uns demütig. Wenn wir uns nichts vormachen darüber, was wir fühlen und wo wir an unserem gegenwärtigen Punkt der persönlichen Entwicklung stehen, dann passiert es uns nicht so leicht, dass wir andere Leute verurteilen.

Mut bedeutet nicht nur, dass wir auf die Straße rennen, um zu helfen. Es ist auch sehr mutig, den Rest unseres Lebens der Öffnung unseres Herzens zu widmen. Mut bedeutet außerdem, sich nichts darüber vorzumachen, wo wir im Augenblick stehen, und die Bodenlosigkeit des Nichtwissens darum, was wir tun würden, zu erfahren.

Wie kann ich Tonglen in schwierigen Situationen praktizieren? Tonglen auf dem Kissen ist kein Problem. Aber wenn ich ins Büro gehe, reagiere ich immer noch auf Situationen, die meinen Zorn provozieren.

Tonglen ist in gewisser Weise das buddhistische Äquivalent des sprichwörtlichen Ratschlags „Innehalten und bis zehn zählen". Sie gehen in die Situation im Büro – und da sind sie, der Zorn und die Aggressivität. Die einzige Richtlinie für die Praxis ist hier, einfach Tag für Tag, Atemzug für Atemzug so gut wie eben möglich zu üben. Sie können den guten Vorsatz fassen: „Ab sofort und für den Rest meines Lebens will ich erkunden, was es bedeutet, einen Zorn zurückzuhalten und ihn nicht auszuleben." Dies ist das, was die Buddhisten den „Mittleren Weg" nennen, den Pfad des Vermeidens von Extremen. Wenn Sie eine solche Intention haben, erlauben Sie es sich aber auch zu versagen, wohl wissend, dass Sie viel aus Ihren Fehlern lernen können.

Mitten in einem Konflikt atmen Sie ein und nehmen Kontakt auf mit dem, was da in Ihnen provoziert worden ist; dann senden Sie eine Empfindung von Weite in Ihre Umgebung aus. Sie atmen ein und machen sich dabei klar, dass viele Menschen im Büro arbeiten und dasselbe fühlen wie Sie. Sie erkennen, dass dieses Gefühl zugleich universal und persönlich ist. Das ist zum Beispiel dann eine besondere Hilfe, wenn jemand Sie tatsächlich anschreit.

Danach müssen Sie natürlich reagieren. Sie können nicht den ganzen Tag dastehen und bloß ein- und ausatmen. Sie fürchten wahrscheinlich, das erste Wort, das Ihnen von den Lippen kommt, könnte die Aggressivität nur noch verstärken. Statt jedoch augenblicklich zu reagieren, atmen Sie so lange ein und aus wie nötig – mit dem Gefühl, Ihre Gefühle ganz und gar anzunehmen. Danach vertrauen Sie dem, was von Ihren Lippen kommt. Es wird wahrscheinlich etwas ganz anderes sein, als das, was Sie gesagt hätten, wenn Sie die Situation durch ärgerliche Worte oder durch ein bloßes Unterdrücken Ihrer Gefühle zu bewältigen versucht hätten.

Beim Tonglen versuchen wir nicht, irgendwelche Probleme zu lösen. Wir versuchen einfach, ganz beim Schmerz zu bleiben, um ihn herum weicher zu werden und zu beobachten, was dann geschieht. Es geht nicht darum abzukühlen – es geht darum, voll da zu sein. Hier haben wir es nicht mit Konfliktlösung zu tun – es mag in der Tat keine endgültige Lösung geben. Es ist eher so, dass wir den Kern unseres Seins transformieren, indem wir unser Herz und unseren Geist der Situation öffnen.

In den Lojong-Lehren wird dies „die Umwandlung schlechter Umstände in den Pfad der Erleuchtung" genannt. Es heißt nicht „die Auslöschung schlechter Umstände", so dass unser Leben auf immer und ewig ein Zuckerschlecken sein wird. Das Leben ist ebenso grausam wie gütig, ekelhaft wie köstlich. Beim Tonglen schulen wir uns darin, für alle Aspekte unseres Lebens offen zu bleiben.

Es ist auf jeden Fall sehr wichtig, dass Sie in Ihrem eigenen Tempo vorangehen, sehr sanft und geduldig. Sein Herz für schwierige und gefährliche Situationen zu öffnen – das geschieht nicht über Nacht, es ist eine lebenslange Reise. Wenn Tonglen im Büro Ihnen zu schwierig vorkommt, weil Sie sich dort so verletzlich und ausgeliefert vorkommen, dann versuchen Sie eben mit einfacheren Situationen zu arbeiten. Wenn Sie sich dann später daran gewöhnt haben, Ihr Herz und Ihren Geist zu öffnen, werden Sie herausfinden, dass Sie es überall praktizieren können. Schließlich wird die Praxis Ihnen Zutrauen zu Ihrer eigenen Stärke geben – das ist die Art von Sicherheit, die Sie wirklich brauchen.

Wie kann ich Tonglen verwenden, um mit einer Sucht zu arbeiten?

Genauso wie bei der Arbeit mit Aggressivität. Wir bleiben dabei und bleiben dabei … und es kann sein, dass wir immer noch irgend jemanden anschreien. Wenn wir mit sehr viel Ehrlichkeit zu uns selbst und Mitgefühl mit uns selbst arbeiten, kommen wir in Kontakt mit unserer Sucht, zu der ein gehöriges Maß an Nicht-wissen-Wollen gehört. So lernen wir unsere Süchte sehr gut kennen, was nicht heißen muss, dass wir ihnen nie mehr nachgeben.

Meine persönlichen Süchte waren nicht so zerstörerisch wie zum Beispiel eine Heroinabhängigkeit. Aber ich habe Jahre damit verbracht, mich mit sehr starken Gewohnheitsmustern herumzuschlagen. Darum weiß ich nur zu gut, wie das ist, nicht fähig zu sein, sie zu durchbrechen, und ich kann sehr mit den Menschen mitfühlen, die einfach nicht aufhören können.

Zuerst müssen wir zur Wurzel der Abhängigkeit vordringen. Über die Tonglen-Praxis und das Entwickeln von Mitgefühl mit sich selbst hinaus kann dieser Prozess einiges an psychologischer Arbeit beinhalten. Ich glaube, dass meine eigenen Abhängigkeiten sich aufzulösen begonnen haben, als ich der Kettenreaktion jenes Leidens auf die Spur gekommen bin, welches daraus entstand, dass ich ihnen nachgab. Im Moment scheint das Versprechen einer Erleichterung sehr verlockend, aber irgendeine Reserve an Intelligenz beginnt sich einzuschalten. Du sagst dir selbst: „Moment mal! Habe ich das nicht schon x-mal gemacht? Und hat es mir jemals mehr als eine kurzfristige Befriedigung gebracht? Und habe ich es danach nicht schrecklich bereut?"

Wie also sät man die Saat unserer inneren Stärke? Indem man sanft, mitfühlend und aufrichtig bei der Irritation und rastlosen Energie bleibt. Und wenn wir dann sagen: „Ich kann es nicht!", dann verstehen wir sehr gut, warum andere Menschen ebenfalls nicht können, und wir empfinden Mitgefühl mit ihnen.

Meine Freundin und Schülerin Linda Jones hat ein Buch geschrieben, das ich sehr empfehlen kann. Es geht darin um die Arbeit mit Sucht- und Missbrauch-Problemen mithilfe von Tonglen und den Lojong-Losungen. Es heißt *Das kleine Handbuch für das Überleben von Traumen*. Hier geht es nicht um eine Licht-und-Liebe-Praxis für Leute, die schon alles auf die Reihe gebracht haben. Das Buch handelt von den haarigen, schwer zu verkraftenden Herausforderungen und Anfechtungen, mit denen wir es im wirklichen Leben zu tun haben.

Wie kann ich Tonglen üben für eine Beziehung, in der ich misshandelt werde?

Zuerst einmal: Wenn Sie sich in einer Beziehung befinden, in der Sie misshandelt werden, dann müssen Sie mehr tun als nur Tonglen üben. Sie müssen die Beziehung wahrscheinlich beenden. Das ist natürlich leichter gesagt als getan. Zuerst einmal müssen Sie sich auf der äußeren Ebene um sich selbst kümmern – zum Beispiel, indem Sie an einen Ort umziehen, wo Sie in Sicherheit sind. Dann können Sie beginnen, auf der inneren Ebene damit zu arbeiten. Wenn Sie sich mitten in einer Situation befinden, in der Sie geschlagen werden, dann ist es unrealistisch zu glauben, dass Sie das allein auf der inneren Ebene lösen können.

Vielleicht finden Sie ja auch heraus, dass Ihre gegenwärtige Beziehung zu einem alten Muster gehört, das sich seit Jahren ständig wiederholt. Eine Freundin, die Sozialarbeiterin ist, erzählte mir die Geschichte einer neunzehnjährigen Frau, die sich in einer Beziehung mit einem Mann befand, der sie misshandelte. Auch in ihrer vorhergegangenen Beziehung mit einem anderen Mann war sie geschlagen worden. Meine Freundin half ihr, sich ihrer aktuellen Situation zu entziehen, und brachte sie in einer sicheren und fürsorglichen Umgebung in einer anderen Stadt unter. Aber tragischerweise fand sich die Frau kaum vier Monate später in einer Beziehung wieder, in der sie ebenfalls misshandelt wurde.

Die Lektion aus dieser Geschichte ist, dass wir mit unseren Beziehungen auf der inneren Ebene arbeiten müssen, sonst werden sie sich in gleicher Form weiter auf der äußeren Ebene manifestieren. Tonglen ist eine machtvolle Methode, damit zu arbeiten. Aber jede Weise, auf die Sie innerlich damit arbeiten können, ist wichtig, denn unsere alten Gewohnheiten sind ein entscheidender Teil des Problems. Auch wenn wir das begriffen haben, ist es immer noch schwer genug, alte Gewohnheitsmuster zu verändern.

Damit Sie den Knoten der Selbstzerstörung auflösen können, der sich im Kern des Problems befindet, empfehle ich als Vorgehensweise, dass Sie die Gefühle annehmen, die mit den alten Gewohnheiten verbunden sind, und eine Haltung der Freundlichkeit zu sich selbst und der Ehrlichkeit mit sich selbst entwickeln. Sitzen und Tonglen können in diesem Prozess eine enorme Hilfe sein. Aber Sie brauchen, ganz allgemein gesagt, auch jemanden, mit dem zusammen Sie regelmäßig arbeiten können, etwa einen Therapeuten. Denn man braucht sehr viel Unterstützung, um sich durch schwierige Muster der Misshandlung hindurchzuarbeiten.

Wie kann ich Tonglen für jemanden üben, der seine Frau misshandelt? Ich kann ihm zwar zugestehen, dass auch er nur ein Mensch ist, aber ich kann nicht über das hinwegsehen, was er getan hat.

Natürlich nicht. Ganz besonders wenn er Sie selbst misshandelt hat oder jemanden, den Sie lieben. Ich würde Ihnen auch nicht sagen: „Sie sollten dem Gewalttäter verzeihen." Das wäre sinnlos, denn Sie sind nicht bereit, das zu tun. An diesem Punkt arbeiten Sie einfach mit dem bloßen Gefühl, dass Sie nicht vergeben können. Sie müssen sich dieses Gefühls nicht schämen.

Ich habe mit Menschen gearbeitet, die als Kinder fürchterlich missbraucht wurden. Ich habe festgestellt, dass Mitgefühl und Vergebung sich bei ihnen ganz von selbst entwickeln, wenn sie bereit sind, sich dem Schmerz, den sie fühlen, zu öffnen und Tonglen für sich selbst und alle anderen Kinder zu üben, die missbraucht worden sind. Fangen Sie einfach dort an, wo Sie stehen. Arbeiten Sie mit Mitgefühl mit sich selbst und mit den Menschen, die Sie lieben. Dann dehnen Sie das langsam in schwierigere Bereiche hinein aus, auf Menschen, mit denen Sie zurzeit noch unmöglich Mitgefühl haben können. Lassen Sie die Entwicklung ihren Lauf nehmen. Aber versuchen Sie gleichzeitig nicht, irgendwelchen Vorstellungen von dem zu entsprechen, wie Sie sein „sollten".

Wie kann ich Tonglen für einen Alkoholiker üben, besonders wenn ich das Gefühl habe, dass er mich ausnutzt?

Ich glaube, auch hier müssen Sie mehr tun als nur Tonglen üben. Sich einer Selbsthilfegruppe wie den Anonymen Alkoholikern anzuschließen, würde Ihnen helfen. Sie würden viel daraus lernen, mit anderen Menschen zu sprechen, deren Partner Alkoholiker sind oder die ein alkoholabhängiges Elternteil hatten. Dann können Sie ja vielleicht in der Gruppe das, was Sie über Tonglen wissen, mit den anderen teilen.

Wie kann ich mit Traurigkeit arbeiten? Sie fühlt sich an wie Zartheit gemischt mit einer Prise Verzweiflung.

Trungpa Rinpoche hat oft vom „lauteren Herz der Traurigkeit" gesprochen; es ist eben die Zartheit, von der Sie gesprochen haben. Das ist das Gute an der Traurigkeit: Es liegt Zartheit darin, auch wenn sie mit Verzweiflung vermischt ist. Sie wird nur dann zum Problem, wenn wir nicht bei der Traurigkeit bleiben, sondern sie mit einer harten, schützenden Schale umgeben.

Eine indianische Lehrerin erzählte mir, sie habe das Gefühl, bei dieser Praxis gehe es darum, die Stärke und den Mut zu entwickeln, die wir brauchen, um mit dem Zentrum unseres Schmerzes und unserer Freude in Berührung zu kommen und die Zartheit darin zu finden. Wir müssen dabei eine Verbindung zu der uns eigenen Verletzlichkeit herstellen, unserer Achillesferse, und lernen, darauf zu vertrauen, dass wir diese Verletzlichkeit nicht mit Härte oder einer Abwehrhaltung maskieren müssen, mit Kälte oder Überaktivität. Mit diesem sanften Bereich in Berührung zu kommen, das ist die Zauberformel, durch die wir ein Gefühl von Freude und Wohlsein entdecken, welches nicht von unseren wetterwendischen Emotionen abhängig ist.

Wie kann ich Tonglen nutzen, um mit einer schweren Krankheit zu arbeiten? Bei mir wurde kürzlich Krebs diagnostiziert, und seither schwanke ich zwischen Hoffnung und Hoffnungslosigkeit.

In einigen Hospizen werden todkranke Menschen mit dem Tonglen bekannt gemacht. Sie erhalten die Unterweisung, mit dem Wunsch einzuatmen, dass andere von dem Schmerz frei sein mögen, den sie im Augenblick erfahren, und dann auszuatmen, was immer helfen könnte. Damit ist nicht nur der körperliche Schmerz gemeint, sondern auch das seelische Leid, das mit ihrer Situation einhergeht, etwa Scham, Wut, Furcht, Verleugnung, Depression und Einsamkeit. Ein Aids-Patient hat mir einmal erzählt, wie er mit dieser Übung umgegangen ist. Zuerst befürchtete er, die Praxis könne seine Situation noch verschlimmern. Aber nachdem er einige Zeit behutsam damit gearbeitet hatte, stellte er zu seiner Überraschung fest, dass die Möglichkeit, anderen Menschen etwas Gutes zu tun, seinem eigenen Schmerz und seiner Krankheit einen Sinn verliehen. Das Schöne an dieser Übung ist, dass es darin nicht nur um andere und nicht nur um uns selbst geht. Es geht wirklich um unsere gemeinsame Teilhabe am Menschsein.

Wenn Sie den Mut dazu haben, könnten Sie versuchen, mit einer wahrhaft revolutionären Lehre zu arbeiten. Sie wird in den folgenden Versen formuliert:

> Ist es besser für mich zu leben, dann lass mich leben!
> Ist es besser für mich zu sterben, dann lass mich sterben!

Das ähnelt der Einstellung, die in folgender Lojong-Losung zum Ausdruck kommt: „Gib alle Hoffnung auf die Früchte auf." Im Grunde heißt das, dass Sie sich darein fügen, nicht zu wissen, was wirklich das Beste ist. Sie wissen nicht, ob Sie leben oder sterben werden. Sie können nächste Woche sterben oder in zwanzig Jahren. Aber ganz gleich, wie lange Sie leben, eines ist gewiß: Sie werden im Moment des Sterbens weniger Furcht und Bedauern verspüren, wenn Sie eine Haltung der Offenheit und des Loslassens entwickelt haben und nicht völlig abgeschottet sind.

Alle Hoffnung fahren zu lassen ist keine fatalistische Einstellung. Die Hoffnung an sich enthält eine Menge Verzweiflung und Leugnung. Sie loszulassen bedeutet also, sich zu öffnen. In diesen Zwischenzeiten der Ungewissheit können Sie Tonglen üben, um sich mit der Furcht auszusöhnen, mit dem Widerstand und der Leugnung, die um ihre Krankheit kreisen. Dann dehnen Sie Ihre Praxis auf andere aus.

Es würde mich zum Beispiel nicht überraschen, von Ihnen zu hören, dass Sie oft mitten in der Nacht aufwachen. Wenn Sie da im Dunkeln liegen, könnten Sie an all die anderen Menschen denken, die sich in einer ähnlichen Situation befinden – Kinder, Menschen Ihres Alters, alte Menschen. Dann könnten Sie Tonglen üben für Menschen, die an Krebs oder irgendeiner anderen Krankheit leiden. Diese Haltung führt dazu, dass Sie im Moment des Todes nichts bereuen und fähig sind, sich in die Bodenlosigkeit fallen zu lassen. Die Haltung des Festklammerns hingegen ist so, als hingen Sie schreiend und mit den Füßen strampelnd an der Kante eines Abgrunds.

Wie kann ich Tonglen nutzen, um mit starken körperlichen Schmerzen zu arbeiten?

Körperlicher Schmerz kann ein fantastischer Lehrmeister sein. Wenn wir lernen, unsere Erfahrung zu verallgemeinern, kann er zu einer Quelle von Mitgefühl mit anderen werden. Von dem Moment an, wo wir einen Schmerz bemerken, verhärten wir uns um ihn herum. Und unter dem Schmerz lauert die Furcht des „Es wird nie wieder besser“. Von diesem brennenden Punkt des Schmerzes und der Furcht aus können wir in eine von zwei Richtungen gehen: Entweder wir gehen in die übliche Richtung, werden hart und schotten uns ab. Oder wir machen uns weich und dehnen unsere Fürsorge auf andere aus.

Der Trick ist, sich nicht vom Schmerz abzutrennen, sondern dabeizubleiben und sich in den Schmerz hinein zu entspannen. Sie üben also, von Ihren Panikgedanken abzulassen, und gleichzeitig denken Sie an die Menschen, die sich in einer ähnlichen Situation befinden – das alles sanft und behutsam. Das Wichtigste dabei ist, ehrlich und liebevoll zu sein: Sie nehmen voll und ganz zur Kenntnis, was Sie fühlen, und Sie gehen liebevoll mit sich selbst um. Das ist der einzige Weg, die Sanftheit im Schmerz zu finden. Wenn Sie dann noch die Kraft dazu haben, denken Sie „Meine Freundin Anna fühlt sich wahrscheinlich genauso" oder „Viele andere Menschen fühlen sich so wie ich". Sie fahren also fort, auf diese Weise zu üben, und geben alle Hoffnung auf Früchte auf.

Ich selbst habe viel auf diese Weise gearbeitet. Jahrelang habe ich an chronischer Erschöpfung gelitten und war oft über längere Zeit ans Bett gefesselt. Manchmal habe ich mich dermaßen schwach gefühlt, dass ich selbst mit bestem Willen keinen Schmerz einatmen konnte. Ich habe das einfach nicht verkraftet. Wenn Sie solch extreme Erfahrungen machen, dann vertieft sich die Praxis deutlich, denn der körperliche Schmerz zwingt Sie dazu, zur Sache zu kommen. Zuerst arbeiten Sie mit der Erfahrung des „Ich schaffe es einfach nicht" und finden die Zartheit darin. Dann haben Sie das Gefühl der Verwandtschaft mit den anderen Menschen, die es ebenfalls nicht schaffen. Sie denken: „Unsere armen leidenden Körper! Unser armer furchtsamer Geist!"

Zum Glück gibt es Medikamente, die Schmerzen lindern können, wenn sie unerträglich werden. Aber ich spreche nicht so sehr vom körperlichen Schmerz. Ich spreche von der Arbeit mit dem mentalen Leiden, der Vereinsamung und Verzweiflung, die um den Schmerz herum wuchern. Das ist der Punkt, an dem wahre Transformation stattfinden kann.

Ist es für Menschen, die sterben oder erst kürzlich verstorben sind, eine Hilfe, wenn man Tonglen für sie übt?

Ja. Wenn es sich richtig für Sie anfühlt, dann ist es sowohl für Sie selbst als auch für die andere Person eine Hilfe. Sie können einfach still bei diesen Menschen sitzen und Tonglen üben; sie brauchen nicht einmal zu wissen, was Sie da tun. Es kann diesen Menschen helfen, ihre Furcht zu überwinden und sich in den Tod als eine positive Erfahrung der Rückkehr oder der Öffnung fallen zu lassen, statt den Tod als etwas Schreckliches zu erleben.

Die buddhistische Tradition empfiehlt, nach dem Tod eines Menschen in der Nähe des Leichnams zu bleiben und Tonglen zu praktizieren. Das beruht auf dem Glauben, dass das Bewusstsein dieses Menschen nach dem Tode noch einige Zeit verweilt. Weil dieser Mensch seiner Umgebung noch gewahr ist, verhilft das Tonglen zur Öffnung des Raumes und Freiheit von Furcht, so dass der Mensch seine spirituelle Reise fortsetzen kann. Wenn der Leichnam nicht sofort weggeschafft werden muss, ist es gut, bei dem Verstorbenen zu bleiben und weiter Tonglen zu üben. Auch nachdem der Leichnam fortgeschafft wurde, können Sie immer noch Tonglen für diesen Menschen üben, auch wenn Sie nicht mehr im selben Raum sind wir er.

Diese Praxis hilft sowohl Ihnen selbst als auch der Person, die stirbt oder gestorben ist. Für sich selbst haben Sie das Gefühl, dass Sie tatsächlich etwas tun können, und Sie fühlen sich mit ihm oder ihr besonders eng verbunden. Tonglen hilft auch dem

Sterbenden. Im Prozess des Sterbens kann ein Mensch in Kampf und Furcht steckenbleiben, so dass er nicht fähig ist loszulassen. Tonglen bringt eine Besänftigung und Öffnung in den Prozess ein, sowohl für Sie selbst als auch für die Person, die stirbt oder gestorben ist.

Bei einer gewöhnlichen Person zu sein, die fähig ist, im Sterben loszulassen, ist meiner Erfahrung nach wie in der Gegenwart eines erleuchteten Menschen zu sein. Im Raum ist so etwas wie Weite und Freiheit spürbar, während sich dieser Mensch in den unendlichen Raum und die Zeitlosigkeit hinein auflöst. Doch bei einer Person, die nicht loszulassen vermag, empfindet man eher Angst und Schrecken.

Sollten Menschen für sich selbst Tonglen üben, wenn sie im Sterben liegen?

Ja. Das ist unbedingt zu empfehlen. In *Der große Pfad des Erwachens* sagt Jamgon Kongtrul, Tonglen sei in der Zeit des Sterbens die bestmögliche Praxis. Er sagt, man solle über *Maitrī* und Mitgefühl meditieren und Tonglen praktizieren, was die relative *Bodhichitta*-Praxis darstellt. Er sagt auch, man solle seinen Geist in der Erkenntnis ruhen lassen, dass all unsere Erfahrungen der Welt traumgleich sind; dies ist die absolute *Bodhichitta*-Praxis.

Natürlich ist das Allerwichtigste, wie Sie jetzt in diesem Augenblick mit Ihrem Leben arbeiten – nicht erst, wenn Sie kurz vor dem Sterben sind. Es kann sein, dass Sie morgen urplötzlich bei einem Autounfall umkommen, so dass Sie keine Gelegenheit mehr haben zu praktizieren. Die Zeit, damit anzufangen, sich in der Tonglen-Haltung und der Öffnung des Geistes zu schulen, ist jetzt.

Wie kann ich im Tonglen mit dem Haften an jemandem, den ich sehr lieb habe, arbeiten?

Beim Ausatmen könnten Sie genau das aussenden, was Sie begehren, aber ohne das Anhaften, das schmerzliche Gefühl des Begehrens oder der Abhängigkeit. Nehmen Sie zum Beispiel Schokolade. Beim Einatmen könnten Sie die Schokolade aufnehmen, zusammen mit all der Gier, die damit einhergeht. Beim Ausatmen könnten Sie die Köstlichkeit der Schokolade aussenden, jedoch befreit von ihrer süchtig machenden Eigenschaft. Oder Sie müssen beim Ausatmen einen totalen Szenenwechsel vollziehen und einfach etwas aussenden, das sich völlig offen und weit anfühlt. Und dann vergessen Sie nicht, das Begehren aller anderen Menschen aufzunehmen und Freude ohne den Schmerz des Anhaftens zu ihnen auszusenden.

Was kann ich tun, wenn ich bei der Übung körperlich krank werde?

Auf unserer Ebene der Praxis, also der Ebene des Wünschens, ist es tatsächlich nicht möglich, von der Übung physisch krank zu werden. Sehr fortgeschrittene Meditierende mögen tatsächlich in der Lage sein, die Krankheit anderer Menschen auf sich zu nehmen, aber hier tun wir so etwas nicht. Es kann durchaus sein, dass manche Menschen während der Übung oder danach ein leichtes Übelkeitsgefühl, Schwindel oder Kopfschmerzen haben. Aber das ist eine psychosomatische Reaktion, die auf Furcht vor der Praxis und Widerstand dagegen beruht. In gewissem Sinn ist das Gefühl der Übelkeit eine Reaktion auf die Bodenlosigkeit. Übelkeit mag zwar unangenehm sein, aber es ist etwas, an dem Sie sich noch festhalten können, es ist spürbar, greifbar. In gewisser Weise bestätigt es Ihre Existenz.

ANHANG

Die fortlaufende *Bodhichitta*-Praxis

Im Folgenden gebe ich eine Zusammenfassung der verschiedenen *Bodhichitta*-Übungen, die Weisheit, *Maitrī* und Mitgefühl in unserem Leben entwickeln können. Nicht alle diese Übungen (zum Beispiel die *„Sechs Pâramitâs"*) werden in diesem Buch besprochen. Zuerst einmal drei adelnde Prinzipien*, die man auf jede Übung anwenden kann, der wir uns widmen:

* Der Übersetzer folgt hier bei der Übersetzung von *„noble"* dem Vorschlag von Stephen Batchelor, den (wie in den „Acht Edlen Wahrheiten") im Allgemeinen als „edel" übersetzten Begriff nicht als Adjektiv, sondern als Verb zu verstehen. Es geht hier nicht so sehr um eine Qualifizierung der genannten Prinzipien, sondern um das, was sie mit dem Übenden anstellen, wenn er sie in der täglichen Praxis zum Tragen bringt.

Am Anfang beginne mit der Motivation durch Mitgefühl.

In der Mitte bewahre eine Haltung des Nichthaftens, frei von der Erwartung irgendwelcher Resultate.

Am Ende widme das Verdienst deiner Praxis dem Wohlergehen aller Wesen.

Die Übung des Absoluten *Bodhichitta*

Diese Übung wird im Allgemeinen mit der Erfahrung von *Shūnyatā* in Verbindung gebracht. Sie macht uns mit einer flüssigen, offenen Weise des Denkens und mit der grenzenlosen Dimension des Seins bekannt. Sie ist vor allem eine formelle Meditationspraxis, die auf *Samādhi vipassyana* (d.h. „achtsames Gewahrsein" bzw. Einsichtsmeditation) basiert. Indem wir die illusorische Natur unseres Denkens und unserer Erfahrung klar erkennen, werden die Dinge flexibler und sind leichter zu bewältigen. Diese essenzielle Offenheit ist auf grundlegende Weise untrennbar von der relativen *Bodhichitta*-Praxis.

Die Übung des Relativen *Bodhichitta*

Die Übung wird im Allgemeinen mit dem Erwecken von Mitgefühl in Verbindung gebracht. Sie macht uns mit der offenen und unbegrenzten Fähigkeit zu lieben und uns umeinander zu kümmern bekannt. Es gibt hier zwei Arten der Praxis: Wunschübungen und Übungen des Eintretens.

Wunschübungen

Zu den Wunschübungen gehören:

- Übungen zur Kultivierung der „Vier Grenzenlosen", also von *Maitrī,* Mitgefühl, Freude und Gleichmut. (Siehe „*Maitrī*- und Mitgefühls-Praktiken" auf Seite 119.)
- Die formelle Meditationspraxis des Tonglen.
- Die Kultivierung von Relativem *Bodhichitta* im Alltag:
  - Wunschgebete sprechen
  - Gleichheitspraxis-Gefühle mit anderen teilen
  - Tonglen im Augenblick
  - Tonglen auf der Straße

Übungen des Eintretens

Zu den Übungen des Eintretens gehört die Übung der „Sechs Pâramitâs" im Alltag. Diese Übung führt uns zur Erfahrung der Untrennbarkeit von *Shūnyatā* (Leere) und Mitgefühl. Die Sechs Pâramitâs sind: Großzügigkeit (Freigebigkeit), Disziplin, Geduld, Bemühung, Meditation und Weisheit (Sanskrit: *prajñâ*). Kompakte Darstellungen der *Pâramitâs* finden sich in Trungpa Rinpoches Büchern *Spirituellen Materialismus durchschneiden, Der Mythos Freiheit und Aktive Meditation.*

Lojong-Praxis

Dies ist die Praxis des Arbeitens mit den Losungen der Geistesschulung, auch bekannt als die Losungen des Atîsha; dazu gehören Übungen im Absoluten und im Relativen *Bodhichitta*. Alle neunundfünfzig Slogans werden in Trungpa Rinpoches Buch *Erziehung des Herzens* sowie in meinem Buch *Beginne wo du bist* diskutiert.

Das Kultivieren von *Maitri* und Mitgefühl

Immer wenn Ihnen die Übung von Tonglen zu schwierig vorkommt, könnten Sie versuchen, *Maitrī* und Mitgefühl zu kultivieren. Beim Ausatmen senden Sie einfach den Wunsch aus, Sie selbst und andere mögen sich des Glücks erfreuen und frei sein vom Leiden. Beim Einatmen denken Sie hier nicht wie beim Tonglen, dass Sie das Leiden anderer aufnehmen.

Maitrī lässt sich in den Worten des folgenden Wunschgebets zusammenfassen: „Mögen alle fühlenden Wesen sich des Glücks und der Wurzel des Glücks erfreuen." Mitgefühl wird in folgendem Wunschgebet zusammengefasst: „Mögen sie alle frei sein vom Leiden und der Wurzel des Leidens." Die Wurzel des Leidens ist hier das krampfhafte Bemühen, uns vor Schmerz zu schützen und unser Herz der Welt zu verschließen. Die Wurzel des Glücks ist das Aufgeben des Haftens am Ego und das Hervorbringen von *Bodhichitta.*

Die *Maitrī*-Übung hat sieben Abschnitte. Man beginnt damit, sich selbst Glück zu wünschen; danach weitet man diesen Wunsch Schritt für Schritt auf andere aus: auf jemanden, dem man spontan dankbar ist, auf Freunde, auf neutrale Personen, auf schwierige Personen, auf alle Genannten zusammen und schließlich auf alle fühlenden Wesen. Die sieben Abschnitte der Übung von Mitgefühl sind identisch mit denen der *Maitrī* -Übung, aber die Ausrichtung ist hier etwas anders. Statt sich selbst und anderen einfach nur Glück zu wünschen, wünschen Sie, dass Sie selbst und andere frei sein mögen von körperlichem und geistigem Leiden.

Die *Maitri*-Übung in sieben Abschnitten

1. Senden Sie *Maitrī* zu sich selbst aus. Denken Sie: „Möge ich mich des Glücks und der Wurzel des Glücks erfreuen", oder noch einfacher: „Möge ich wahrhaft glücklich sein". Sie können entweder etwas ganz Spezielles zu sich aussenden, wie etwa eine Geste der Freundlichkeit oder des Vertrauens, die Sie glücklich machen würde, oder Sie halten die Übung ganz allgemein. Es ist völlig in Ordnung, wenn Sie ihre eigenen Worte benutzen, so dass der Wunsch wirklich etwas für Sie bedeutet.

2. Denken Sie an jemanden, dem Sie von Herzen dankbar sind. Stellen Sie sich vor, dass dieser Mensch direkt vor Ihnen steht. Senden Sie *Maitrī* zu ihm aus. Denken Sie: „Möge er oder

sie glücklich sein." Verwenden Sie wiederum Ihre eigenen Worte, damit Ihnen die Situation möglichst real vorkommt.

3. Senden Sie auf die gleiche Weise *Maitrī* zu einem guten Freund oder zu Freunden aus.

4. Senden Sie *Maitrī* aus zu einer neutralen Person oder mehreren neutralen Personen, zu jemandem, den Sie kaum kennen und dem gegenüber Sie eine indifferente Einstellung haben.

5. Senden Sie *Maitrī* aus zu einer Person in Ihrem Leben, mit der Sie Schwierigkeiten haben.

6. Senden Sie an alle Personen der Abschnitte eins bis fünf *Maitrī* aus. Denken Sie: „Mögen wir uns alle des Glücks und der Wurzel des Glücks erfreuen." Dieser Abschnitt wird „die Barrieren (zwischen Ich und anderen) auflösen" genannt.

7. Weiten Sie das Aussenden von *Maitrī* auf alle Wesen im gesamten Universum aus. Denken Sie: „Mögen alle Wesen ohne Ausnahme sich des Glücks und der Wurzel des Glücks erfreuen."

Wenn Sie mögen, können Sie die Zahl der Abschnitte verkleinern, aber Sie sollten immer mit sich selbst anfangen und am Schluss zu allen Wesen kommen.

Zeiteinteilung bei der Praxis

Praxis in der Gruppe

Tonglen wird gewöhnlich während einer Runde der Sitzmeditation im Verlauf eines *Nyinthün* oder eines *Dathün* geübt. Trifft sich eine Gruppe speziell, um Tonglen zu studieren und zu praktizieren, dann könnte eine Stunde der Sitzmeditation, die auch Tonglen mit einschließt, den Unterweisungen oder der Diskussion vorausgehen.

Bei der Gruppenpraxis signalisiert ein Teilnehmer, der die Zeit im Auge behält, den Anfang und das Ende der Tonglen-Übung mit einer Glocke. Zwei Schläge in kurzem Abstand läuten die Tonglen-Übung ein, eine Kaskade von Glockenschlägen beendet sie. Die Zeiteinteilung für eine Übungssitzung von einer Stunde könnte folgendermaßen aussehen:

Rezitation der Vier Grenzenlosen.
30 Minuten Sitzen.
10 Minuten Tonglen-Übung.
20 Minuten Sitzen.
Rezitation der Widmung des Verdienstes (s. Seite 128).

Praxis zu Hause

Wenn Sie für sich allein üben, dann sollten Sie auf jeden Fall vor und nach dem Tonglen eine Zeit lang Sitzmeditation üben. Wenn Sie nur wenig Zeit zum Üben haben, dann wäre es wahrscheinlich besser, nur zu sitzen. Hier eine mögliche Zeiteinteilung für eine einstündige Übungssitzung:

Zu Beginn könnten Sie die Vier Grenzenlosen rezitieren, das Bodhisattva-Gelübde und/oder die „Freundlichkeit".

Sitzen Sie wenigstens 15 Minuten.

Üben sie 10 bis 15 Minuten Tonglen.

Sitzen Sie wenigstens 10 Minuten.

Zum Abschluss könnten Sie die Widmung des Verdienstes rezitieren.

Tägliche Rezitationen

Manche Menschen möchten ihre Praxis nicht durch Rezitation und Ritual komplizieren; andere empfinden diese hingegen als hilfreich und inspirierend. Um die drei adelnden Prinzipien in Ihre Praxis mit einzubeziehen, könnten Sie eine Übungssitzung mit den Vier Grenzenlosen oder dem Bodhisattva-Gelübde beginnen und sie mit einer der beiden oder mit beiden Widmungen des Verdienstes abschließen. Die Freundlichkeit wird während des *Maitrī bhāvana* rezitiert, aber man kann diese Rezitation jederzeit benutzen.

Die Vier Grenzenlosen

Mögen alle fühlenden Wesen sich des Glücks und der Wurzel des Glücks erfreuen.
Mögen sie alle frei sein vom Leiden und der Wurzel des Leidens.
Mögen sie nicht getrennt sein von der großen Glückseligkeit ohne jedes Leiden.
Mögen sie verweilen im großen Gleichmut, frei von Leidenschaft, Zorn und Voreingenommenheit.

Das Bodhisattva-Gelübde

So, wie die Erde und die anderen Elemente, zusammen mit dem Raum,
Den zahllosen fühlenden Wesen immerdar auf vielfältige Weise Nahrung geben,

So möge ich in jeder Hinsicht für die fühlenden Wesen zur Nahrung werden,
Bis an die Grenzen des Raums und bis alle *Nirvâna* verwirklicht haben.

So, wie die *Sugatas* („Segnungen“) von alters her *Bodhichitta* hervorgebracht,
Und sich schrittweise in der Schulung eines *Bodhisattva* verwurzelt haben,

So möge auch ich zum Wohle aller Wesen *Bodhichitta* hervorbringen
Und mich schrittweise in dieser Disziplin schulen.

— Auszug aus dem dritten Kapitel von Shântidevas „Der Weg des Bodhisattva"

Wunschgebete

Alles, was ich an Tugend bis zum gegenwärtigen Moment verwirklicht habe,
Und alles, was ich in der Zukunft noch verwirklichen mag,
Widme ich dem Wohl aller fühlenden Wesen.
Möge es niemals abnehmen, wie ein Tropfen Wasser, der in den Ozean fällt.
Mögen Krankheit, Krieg, Hunger und sinnloses Leid abnehmen.
Mögen Weisheit, Liebe und Mitgefühl zunehmen,
Für mich selbst und andere, jetzt und in der Zukunft.

— Nach einem Rote-Tara-Wunschgebet

Mögen die Armen Reichtum finden,
Und mögen die von Kummer bedrückten Freude finden.
Mögen die Verzweifelten Hoffnung finden,
Und mögen die Geängstigten Furchtlosigkeit finden.
Mögen die Kranken Gesundheit finden,

Und mögen die Schwachen Stärke finden,
Und mögen alle Herzen sich in Freundschaft vereinen.

— Nach Versen aus dem zehnten Kapitel von Shântidevas „Der Weg des Bodhisattva“

Widmungen des Verdienstes

Mögen mit Hilfe dieses Verdienstes alle Wesen Allwissenheit erlangen.
Möge es den Feind, die üblen Taten, besiegen.
Möge ich alle Wesen befreien
Aus den stürmischen Wellen der Geburt, des Alters, der Krankheit und des Todes
Im Ozean des *Samsâra*.

Durch das Zutrauen der Goldenen Sonne des Großen Ostens
Möge der Lotosgarten der Weisheit des *Rigden* erblühen.
Möge die dunkle Unwissenheit der fühlenden Wesen vertrieben werden.
Mögen alle Wesen sich tiefgründiger gleißender Herrlichkeit erfreuen.

Die Freundlichkeit

Wer geschickt darin ist, das Gute zu suchen, nachdem er den Weg des Friedens erreicht, der möge sich wie folgt verhalten:

Fähig soll er sein, geradlinig und aufrecht, leicht zugänglich, freundlich und nicht stolz,

Genügsam und leicht zufriedenzustellen, mit wenigen Verpflichtungen und Wünschen,

Beruhigten Sinnes, verständig, bescheiden und ohne Habgier nach den Gütern eines anderen.

Er sollte nichts Gemeines tun, das weise Menschen tadeln würden,

Möge er sorglos und sicher sein – mögen alle Wesen glücklich sein. Sämtliche Lebewesen, die es gibt, seien sie schwach oder stark, keines sei ausgenommen,

Seien sie lang, breit, mittel, kurz, groß oder klein,

Sichtbar oder unsichtbar, in unserer Nähe lebend oder weit entfernt,

Bereits geboren oder noch vor der Geburt – mögen alle Wesen glücklich sein.

Es möge niemand einen anderen betrügen oder irgendjemanden, wo er auch sei, verachten.

Es möge niemand aus Zorn und Feindseligkeit einem anderen wünschen, dass er leiden möge.

Wie eine Mutter mit ihrem Leben ihr eigenes Kind, ihr einziges Kind beschützen würde,

So sollte man allen fühlenden Wesen gegenüber einen grenzenlosen Geist entwickeln und Freundlichkeit gegenüber der ganzen Welt.

Man sollte einen grenzenlosen Geist pflegen – oben, unten
und dazwischen,
Ohne Verdunkelung, Hass oder Feindseligkeit.
Im Stehen, Gehen, Sitzen oder Liegen und während aller
Stunden des Wachbewusstseins,
Sollte man diese Achtsamkeit üben; dies ist, so heißt es,
der allerhöchste Stand.
Wer so nicht mehr in falsche Anschauung fällt, tugendhaft ist und mit Einsicht gesegnet,
Und wer die Gier nach Sinneslust überwunden hat, der
wird niemals eine Wiedergeburt erfahren.

Buddha Shâkyamuni lehrte dieses *Metta Sutta,* das sich in der Sutta-Nipata-Abteilung der *Khuddaka-Nikâya,* der Sammlung der kürzeren Darlegungen des Buddha, findet. Deutsche Übertragung nach der englischen Übersetzung aus dem Pâli des Nalanda Translation Committee, die im Vergleich mit mehreren früheren Übersetzungen entstand.

Maitri Bhavana

M*aitrī bhāvana* ist eine Zeremonie für Schwerkranke, die eine besondere Anwendung der Tonglen-Praxis darstellt. „*Maitri*" (pali: „Metta") heißt Freundlichkeit oder Liebende Güte; „*Bhāvana*" heißt „meditierend" oder „manifestierend". *Maitrī bhāvana* wird gewöhnlich in einer Gruppe praktiziert, aber Sie können es auch allein für eine Verwandte oder Freundin üben, wenn Sie sich dazu inspiriert fühlen. Wird es in einer Gruppe geübt, dann kann jedermann die Praxis durchführen, auch jemand, der noch nie Tonglen geübt hat.

Manche Menschen meinen, es könnte gefährlich sein, diese Praxis durchzuführen. Sie befürchten, sie könnten tatsächlich die Krankheit eines anderen Menschen übernehmen und deshalb selbst erkranken. Aber das ist ein fundamentales Missverständnis. Wenn wir für Kranke üben, dann denken wir nicht, dass wir tatsächlich ihre Krankheit einatmen – ihren Krebs oder ihr Aids. Was wir einatmen, das ist ihre Neigung, sich abzuschotten und sich von ihren Schmerzen lähmen zu lassen, denn dies ist das eigentliche Leiden. Wir atmen ein mit dem Wunsch, ihnen das Leiden zu nehmen, das sich um den körperlichen Schmerz rankt – die Verzweiflung, die Wut, den Abscheu, die Leugnung und die Gefühle der Isolation. Unser Wunsch ist, dass ihre Krankheit ein echter Weg des Erwachens für sie werden kann, ob sie nun wieder gesund werden oder nicht.

Gewöhnlich verkehrt der Schmerz sich in Furcht und verhärtet uns, so dass wir immer bitterer und wütender werden. Aber indem wir lernen, auf diese Weise zu üben, kann der Schmerz uns weicher machen. Er kann uns sanfter machen, demütiger, liebevoller und anderen Menschen gegenüber dankbarer. Es geht in dieser Praxis also nicht um Therapie, es geht um Heilung. Es geht auch nicht wirklich darum, den Schmerz loszuwerden, der ein unvermeidlicher Teil des menschlichen Lebens ist. Es geht vielmehr darum, dass wir wieder die Verbindung zu unserem wahren Wesen herstellen, zur Weite unseres Herzens und unseres Geistes.

Instruktionen für den Übungsleiter

Schon eine Weile vor der Gruppenpraxis sollte die Übung durch einen Aushang angekündigt werden, so dass die TeilnehmerInnen die Namen und Krankheiten ihrer Freundinnen und Verwandten auflisten können. Die Übungsleiterin sollte im Allgemeinen eine Meditationslehrerin mit langer Meditationserfahrung sein, aber es ist auch in Ordnung, wenn ein Freund oder Verwandter des Kranken die Zeremonie leitet, solange er oder sie genau weiß, was zu tun ist.

- 20 Minuten Sitzen.
- Glocke einmal anschlagen und wieder dämpfen.
- Ankündigung: „Wir üben jetzt *Maitrī bhāvana*, das heißt, die Meditation der Liebenden Güte."
- Vorlesen des „Kommentars zum *Maitrī bhāvana*" von Trungpa Rinpoche.
- Ankündigung: „Wir machen diese Übung speziell für die folgenden Personen, die krank sind." (Vorlesen der Namen und Krankheiten)
- Ankündigung: „Als nächstes rezitieren wir den ‚Freundlichkeit' genannten Text."
- Glocke einmal anschlagen und wieder dämpfen.
- Rezitation der „Freundlichkeit" (siehe Seite 129).
- Ankündigung: „Als Nächstes üben wir Tonglen, das heißt, das Aussenden und Aufnehmen."
- Erklären Sie Tonglen in Ihren eigenen Worten.
- Glocke zweimal kurz hintereinander anschlagen, um das Tonglen einzuläuten.
- 5 bis 10 Minuten Tonglen-Praxis.
- Beenden Sie Tonglen mit einer Kaskade von Glockenschlägen, gefolgt von drei den Schlusspunkt setzenden Glockenschlägen (mittel – sanft – laut).
- 20 Minuten Sitzen.
- Rezitation der Widmungen des Verdienstes (siehe Seite 128).

Kommentar zum *Maitri Bhavana* von Chögyam Trungpa Rinpoche

In dieser Übung teilen wir unsere Gesundheit mit anderen Menschen – ja, eigentlich mit allen fühlenden Wesen. Zu dieser Übung gehört, dass wir ein Gefühl unendlicher Großzügigkeit entwickeln und bereit sind, für andere zu leiden. Unser eigener persönlicher Gewinn und unsere Errungenschaften können geteilt – oder vielmehr aufgegeben – werden.

Im Allgemeinen entstehen Krankheit und Unwohlsein aus einem Problem mit unserer Umgebung. Die Menschen haben keine Chance, irgendeine Empfindung von Wohlsein zum Ausdruck zu bringen, weil der Raum um sie herum so eingeengt, richtig verkrampft ist. Als Folge davon können unser Körper und Geist in Unordnung geraten, so dass wir schließlich krank werden, weil es keinen Freiraum gibt zu entspannen, sich zu öffnen und zu feiern.

Diese Praxis ist also ein Zeichen oder eine Geste, die anderen viel Raum, Offenheit und Weite zur Verfügung stellt und keinerlei Ansprüche an die Umgebung selbst stellt. Um die Umgebung verändern zu können, muss man aus sich selbst heraus die Saat dafür erzeugen. Schaffen wir offene Weite für uns selbst, dann wird diese Weite ansteckend und weitet sich auf andere aus, die leiden, so dass sie ebenfalls hilfreich sein können. Das scheint mir die Grundbedeutung von „Großzügigkeit"in dieser Übung zu sein.

Die hier angewandte Meditationstechnik ist sehr alt und wurde über viele Generationen von Ausübenden des *Mahâyâna* überliefert. Sie hat eine gewisse Ähnlichkeit mit der Arbeit mit dem Ein- und Ausatmen, geht aber stärker in Richtung einer Kontemplation, da hier mit Vorbedacht gewisse Gedanken, mentale Objekte, verwendet werden. Während Sie ausatmen, atmen Sie Ihre Weite und Ihr Gutsein vollständig aus. Während Sie einatmen, atmen Sie die Krankheit, die Neurose, die Probleme anderer Menschen in sich ein. Dies ist die Übung, die wir nun praktizieren wollen.

Glossar

Absolutes *Bodhichitta* Die grundlegende offene, bodenlose und unfassbare Eigenschaft all unserer Erfahrung. Der Begriff des Absoluten *Bodhichitta* ist dem von -> *Shūnyatā* sehr ähnlich.

Bodhichitta (Sanskrit, wörtl.: „Herz-Geist des Erwachens") Manchmal auch „Buddha-Natur" genannt, der erwachte Herz-Geist, der allen Menschen innewohnt. Man spricht von -> *Absolutem* und -> *Relativem Bodhichitta;* allerdings sind diese beiden Aspekte untrennbar.

Bodhisattva (Sanskrit für „Krieger des Erwachens") Ein Mensch, der dem Pfad der Kultivierung von -> *Bodhichitta,* Weisheit und Mitgefühl folgt, um alle Lebewesen vom Leiden befreien zu können.

Bodhisattva-Gelübde Das Gelübde, selbst das vollkommene Erwachen zu verwirklichen, um alle Wesen vom Leiden befreien zu können.

Dathün (tibet.: „Monatssitzen") Eine einmonatige Meditationsklausur mit dem Schwergewicht auf *Samādhi vipassyana.* Gegen Ende dieser Klausur wird oft auch die Übung des Tonglen eingeführt. Zu dieser Klausur gehören auch *Ôryôki* (Essen im zeremoniellen Stil des Zen), das Ablegen der fünf buddhistischen Gelübde und Zeiten völligen Schweigens.

Kaskade Ein rhythmisches Muster von Glocken- oder Trommelschlägen, bei dem die Intervalle immer kürzer werden und das mit drei Schlägen abschließt.

Lojong (tibet., wörtl.: „Geistesschulung") Eine Methode der Schulung des Geistes, bei der die gewohnheitsmäßigen Muster des Festhaltens am Ich umgekehrt und *Maitrī* und Mitgefühl für den Übenden selbst und für andere entwickelt werden. Diese Lehren des indischen Meisters Atîsha (geboren 928 unserer Zeitrechnung) wurden von dem tibetischen Lehrer Geshe Chekawa (1101–1175) zu neunundfünfzig Losungen unter sieben verschiedenen Überschriften zusammengefasst. Eine Übersetzung von Geshe Chekawas Text zusammen mit einem Kommentar von Jamgon Kongtrul Lodrö Thaye findet sich in *Der große Pfad des Erwachens.* Trungpa Rinpoches Kommentare zum Lojong sind enthalten in *Erziehung des Herzens.*

Lojong-Losungen Neunundfünfzig Richtlinien oder Sprüche, die als Stützen der Lojong-Praxis verwendet werden. Die Lojong-Losungen sind auf Englisch auch in der Form von Karten erhältlich und selbst als Bildschirmschoner für den Computer. Übende haben oft einen solchen Kartensatz auf ihrem Schreibtisch. Sie wenden jeden Tag eine Karte um und können so im Lauf des Jahres mehrfach den gesamten Satz von Losungen durchgehen.

Mahâyâna (Sanskrit, wörtl.: „Großes Fahrzeug") Der große Weg des Erwachens, auch der „Offene Pfad" oder der „Weg des -> *Bodhisattva*" genannt. Man beginnt den Mahâyâna-Weg zu beschreiten, wenn man -> *Bodhichitta* in sich entdeckt und gelobt, es zum Wohle anderer zu kultivieren. Als Nächstes entwickelt man auf diesem Weg -> *Absolutes Bodhichitta* und -> *Relatives Bodhichitta.* Das Resultat der Schulung auf diesem Weg ist das vollkommene Erwachen zum Wohle aller Wesen. Das Mahâyâna wird oft mit dem Hînayâna („Kleineres Fahrzeug") verglichen, das sich mehr auf die Entwicklung des Individuums konzentriert.

Maitrī (Pâli: *metta*) Liebende Güte; bedingungslose Freundlichkeit sich selbst und anderen gegenüber. *Maitrī* ist das erste der -> *Vier Grenzenlosen.*

Maitrī Bhavana (Sanskrit, wörtlich: „sich manifestierende liebende Güte") Eine Tonglen-Praxis, die speziell für Schwerkranke geübt wird.

Milarepa (1040–1123) Einer der bekanntesten Yogis und Dichter Tibets.

Nirvâna (Sanskrit für „ausgelöscht") Freiheit vom Leiden des -> *Samsâra* oder dem aus Verblendung entstehenden Existenzkreislauf; vollkommenes Erwachen.

Nyinthün (tibet., wörtl.: „Tagessitzen") Eine eintägige Meditationsklausur, zu der die Übung von *Samādhi vipassyana* und Tonglen gehört.

Prajñâ (tibet.: *sherap,* „bestes Wissen") Intelligenz, Wissen; die natürliche Klarheit und Schärfe des Geistes, die sieht und unterscheidet. Auf ihrer am höchsten entwickelten Ebene kann *Prajñâ* direkt – das heißt, frei von allen Konzepten – die Wahrheit der Vergänglichkeit, der Ichlosigkeit, des Leidens und der ->*Shūnyatā* sehen.

Relatives ***Bodhichitta*** Die grundlegende menschliche Wärme, die aus der Offenheit des -> *Absoluten Bodhichitta* entsteht. Sie enthält die Qualitäten von *Maitrī* und Mitgefühl.

Rigden Ein Herrscher des erleuchteten Königreichs Shambhala; er repräsentiert die vollständige Meisterung von Tapferkeit und Mitgefühl.

Samsâra (tibet.: *khorwa*, wörtl.: „kreiseln") Leben in Verblendung; die Welt des Kampfes und Leidens, das auf dem Haften am Ich, widersprechenden Emotionen und Gewohnheitsmustern basiert. Ihre Wurzelursache ist das Nichtwissen um unser wahres Wesen: Offenheit jenseits der Dualität von Ich und Andere(s).

Sechs Pâramitâs (*pâramitâ* = Sanskrit, wörtl.: „zum anderen Ufer gegangen") Sechs Eigenschaften, die auf dem Pfad des -> *Bodhisattva* kultiviert werden: Großzügigkeit (auch: „Gebefreudigkeit"), Disziplin, Geduld, Bemühung („Einsatz"), Meditation und Weisheit *(->Prajñâ).*

Sechs Punkte guter Haltung 1) stabil auf seinem Meditationskissen sitzen; 2) bequem vor dem Körper verschränkte Beine; 3) aufrechter und entspannter Rumpf; 4) die Hände ruhen mit den Handflächen nach unten auf den Oberschenkeln; 5) die Augen sind offen, der Blick ist gesenkt; 6) der Mund steht leicht offen.

Samādhi vipassyana (tibet.: *shine-lhaktong,* „in Frieden verweilen und klar sehen") Auch Sitzmeditation oder Sitzen genannt, ist dies in der buddhistischen und der Shambhala-Tradition die grundlegendste

Form der Meditation. Unterweisungen zur Übung von *Samādhi vipassyana* finden sich in allen Büchern von Pema Chödrön, zum Beispiel im vierten Kapitel von *Wenn alles zusammenbricht.*

Shambhala International Eine 1972 von Chögyam Trungpa Rinpoche gegründete Vereinigung von Meditationszentren, die zuvor unter dem Namen Vajradhatu (Sanskrit für „unzerstörbarer Raum") bekannt war. Die Shambhala-Zentren unter der Leitung von Sakyong Mipham Rinpoche, dem Sohn und Nachfolger von Trungpa Rinpoche, sind Gastgeber für Veranstaltungen zur Meditation, zum Buddhismus und den Künsten.

Shântideva (etwa 685–763) Autor von „Der Weg des Bodhisattva" (eine deutsche Übersetzung erschien unter dem Titel *Eintritt ins Leben zur Erleuchtung)*, eines Basistextes über den Mahâyâna-Pfad der Kultivierung der -> *Sechs Pâramitâs.*

Shūnyatā (Sanskrit für „Leere") Die offene Dimension des Seins; Bodenlosigkeit, Freiheit von allen konzeptuellen Bezugsrahmen. „Offenheit" ist wahrscheinlich eine bessere Übersetzung als „Leere" (auch „Leerheit"), denn „Leere" führt leicht zu dem falschen Eindruck, es handle sich hier um einen vollkommen inhaltslosen Zustand. In Wirklichkeit ist es ein Zustand, der von Mitgefühl und all den anderen erleuchteten Eigenschaften untrennbar ist.

Sonne des Großen Ostens Die Große Östliche Sonne ist ein wichtiges Symbol in der Shambhala-Tradition; sie repräsentiert unzerstörbare Wachheit.

Sugata (Sanskrit, wörtl.: „Wohlgegangener") Ein anderer Name für Buddhas.

Sukhâvatî-Zeremonie Sukhâvatî ist der Sanskrit-Name des Reinen Landes von Buddha Amitâbha. Die *Sukhâvatî*-Zeremonie ist eine von Trungpa Rinpoche verfasste buddhistische Begräbniszeremonie, zu der die Übung von Tonglen für den Verstorbenen gehört.

Tonglen (tibet., wörtl.: „aussenden und aufnehmen") Die Praxis, in der man sich selbst an die Stelle anderer versetzt. In Koordination mit dem Ein- und Ausatmen denkt man dabei, dass man den Schmerz und das Leiden anderer aufnimmt und Erleichterung zu ihnen aussendet.

Trungpa Rinpoche Der Ehrwürdige Chögyam Trungpa Rinpoche, ein Meditationsmeister, Gelehrter und Künstler, der die Naropa University in Boulder, Colorado, sowie Shambhala Training und Shambhala International gründete. Zu seinen Büchern gehören *Spirituellen Materialismus durchschneiden, Weltliche Erleuchtung, Das Buch vom meditativen Leben und Erziehung des Herzens.*

Vier Grenzenlosen, die Vier Eigenschaften, die von Menschen auf dem Mahâyâna-Weg kultiviert werden: *Maitrī*, Mitgefühl, Mitfreude und Gleichmut (oder Gleichheit).

Literaturverzeichnis

Chödrön, Pema, *Geh an die Orte, die du fürchtest.* Ihr neuestes Buch und die Essenz ihrer Arbeit. Mit Unterweisungen zum Tonglen, zur Sitzmeditation, zur Entwicklung von *Maitrī,* Mitgefühl und Furchtlosigkeit. Freiamt: Arbor Verlag, 2002.

-, *Beginne, wo du bist,* Braunschweig: Aurum, 1995. Eine zeitgemäße Einführung in die Lojong-Praxis. Das erste Kapitel enthält eine kurze Einführung in *Samādhi vipassyana;* das sechste Kapitel enthält Unterweisungen zum Tonglen.

-, *Liebende Zuwendung – Freude im Herzen,* Frankfurt a.M.: Fischer Taschenbuch („Spirit"), 2000. Das vierte Kapitel enthält Unterweisungen zum *Samādhi vipassyana;* im fünfzehnten Kapitel finden sich Unterweisungen zum Tonglen.

–, *Wenn alles zusammenbricht,* Goldmann, 2001. Im vierten Kapitel finden sich *Samādhi vipassyana*-Unterweisungen; das fünfzehnte Kapitel enthält Unterweisungen zum Tonglen.

Druppa, Gyalwa Gendun, *Training the Mind in the Great Way,* Ithaca, New York: Snow Lion Publications,1987. Eine traditionelle Darstellung der Lojong-Schulung.

Jones, Linda B., *Das kleine Handbuch der Trauma-Bewältigung.* Sanft, mitfühlend und aufrichtig führt uns Linda B. Jones, eine Schülerin Pema Chödröns, in ihrem Handbuch der Trauma-Bewältigung auf den Weg – mithilfe der jahrhundealten Lojong-Losungen und der Tonglen-Praxis. Besonders für Menschen geeignet, die mit Sucht- und Missbrauchsthemen arbeiten. Freiamt: Arbor Verlag, 2003.

Khyentse Rinpoche, Dilgo, *Die sieben tibetischen Geistesübungen,* Bern u. a.: O. W. Barth, 1996. Eine traditionelle Darstellung der Lojong-Schulung.

Kongtrul, Jamgon, *Der große Pfad des Erwachens,* Berlin: Theseus, 1995. Eine traditionelle Darstellung der Lojong-Schulung.

Nalanda Translation Committee, T*he Seven Points of Training the Mind,* Halifax, Nova Scotia: Nalanda Translation Committee, 1993. Eine Übersetzung der neunundfünfzig Lojong-Losungen, auf Karten gedruckt.

Namgyal, Zhechen Gyaltsab Padma Gyurmed, *Path of Heroes:* Birth of Enlightenment, Oakland, CA: Dharma Publishing, 1995. Eine traditionelle Darstellung der Lojong-Schulung mit einem modernen Kommentar von Tarthang Tulku.

Rabten, Geshe, und Geshe Dargyay, *Advice from a Spiritual Friend,* London: Wisdom Publications,1986. Eine traditionelle Darstellung der Lojong-Schulung.

Shântideva, *The Way of the Bodhisattva,* Boston und London: Shambhala Publications, 1997. Ein klassischer Text über den Bodhisattva-Pfad des Erwachens. Das dritte Kapitel enthält das Bodhisattva-Gelübde. Das achte Kapitel enthält die kontemplative Übung des Sich-in-andere-Versetzens. (Eine etwas „akademische" deutsche Übersetzung des Textes aus dem Sanskrit ist: Sântideva, *Eintritt in das Leben zur Erleuchtung,* Düsseldorf/Köln: Eugen Diederichs, 1981.)

Sogyal Rinpoche, *Das tibetische Buch vom Leben und vom Sterben,* Bern u. a.: O. W. Barth, 1993. Das zwölfte Kapitel präsentiert Mitgefühl-Übungen, unter anderem das Tonglen.

Trungpa, Chögyam, *Aktive Meditation,* Olten und Freiburg i. Br.: Walter, 1972. Das Buch enthält eine Diskussionder Sechs Pâramitâs.

-, *Das Buch vom Meditativen Leben,* Bern u. a.: O. W. Barth, 1986. Unterweisungen zum Pfad der Entwicklung von Zuversicht und Furchtlosigkeit, um anderen helfen zu können.

-, *Erziehung des Herzens,* Freiamt: Arbor, 2000. Eine zeitgemäße Darstellung der Lojong-Schulung, die auch eine Diskussion des Tonglen enthält.

-, *Glimpses of Mahayana,* Halifax, Nova Scotia: Vajradhatu Publications, 2001. Eine kurze aber exzellente Einführung in den Mitgefühls-Pfad des Bodhisattva.

-, *Der Mythos Freiheit,* Küssnacht: Theseus, 1989. Das Buch enthält eine Diskussion des Bodhisattva-Pfades.

-, *Weltliche Erleuchtung,* Freiamt, Arbor, 2001. Eine Sammlung der grundlegenden Schriften von Chögyam Trungpa.

Wallace, Alan B., *Von Tibet nach New York*, Arnstorf: Diamant-Verlag, 1995. Eine moderne Darstellung der Lojong-Schulung.

Wilber, Ken, und Treya Wilber, *Mut und Gnade,* Bern u. a.: Scherz, 1992.

Nützliche Adressen

Informationen über Meditationsunterweisungen in der Tradition von Chögyam Trungpa Rinpoche und seiner Schülerin Pema Chödrön erhalten Sie im deutschen Sprachraum unter folgenden Adressen:

Shambhala Köln Meditationszentrum
Genter Straße 25
50672 Köln
info@shambhala-koeln.de
https://shambhala-koeln.de/

ÖSTERREICH:
Wien Shambhala Meditationszentrum
Stiftgasse 15-17
A-1070 Wien
Tel.: +43 (0)1-5233259
https://wien.shambhala.info

SCHWEIZ:
Shambhala Meditations-Zentrum Bern
Münstergasse 41
CH-3011 Bern
Tel.: +41 (0)79-6213046
E-Mail: bern@shambhala.ch
https://bern.shambhala.ch

Der Hauptsitz von Shambhala International befindet sich in Halifax im Westen Kanadas. Auf der Webseite findet man Informationen über weltweit mehr als 100 Shambhala-Zentren und deren Programm:

SHAMBHALA INTERNATIONAL
Sovereign Place
5121 Sackville Street Suite 601
Halifax, N.S. B3J 1K1
Canada
Tel.: +1 (902) 4254275
www.shambhala.org

Buddhistische Zentren, die Seminare zur Tonglen-Praxis und dem Lojong-Geistestraining anbieten:

Kirchstraße 22a
D-56729 Langenfeld/Eifel
Tel.: +49 (0)2655-939040
E-Mail: office@kamalashila.de
www.kamalashila.de

Untere Fischerstr. 4
D-90762 Fürth
Tel.: +49 (0)911-7433608
www.choedzong.de

Seminare zum Lojong-Geistestraining und zur Tonglen-Praxis :

Yesche Udo Regel
http://tonglen.de

Sylvia Wetzel
Büro: Nives Bercht
Heckmannufer 4a
D-10997 Berlin
Tel.: +49 (0)30-6181214
E-Mail: info@sylvia-wetzel.de
http://www.sylvia-wetzel.de

Audio- und Videotapes von Vorträgen und Seminaren von Pema Chödrön sind unter folgender Adresse erhältlich:

Great Path Tapes and Books
330 E. Van Hoesen Blvd.
Portage, Michigan 49002
Tel.: +1 616–384 4167, Fax: +1 425–940 8456
http://pemachodronfoundation.org/product-category/products/

Arbor Verlagsprogramm

Umfangreiche Informationen zu unseren Themen, ausführliche Leseproben aller unserer Bücher, einen versandkostenfreien Bestellservice und unseren kostenlosen Newsletter. All das und mehr finden Sie auf unserer Website.

www.arbor-verlag.de

Mehr von Pema Chödrön

www.arbor-verlag.de/pema-choedroen

Arbor Seminare

Die gemeinnützige *Arbor-Seminare gGmbH* organisiert regelmäßig Seminare und Weiterbildungen mit führenden Vertreter*innen achtsamkeitsbasierter Verfahren. Zudem informiert sie über aktuelle Entwicklungen in diesem Bereich und trägt Achtsamkeit auf diese Weise nachhaltig in die Gesellschaft. Nähere Informationen finden Sie unter:

www.arbor-seminare.de

Arbor Online-Center

Mit dieser Plattform hat Arbor einen virtuellen Ort der Inspiration und des Lernens rund um das Thema Achtsamkeit geschaffen. Lernen Sie die Autor*innen unserer Bücher und die Referent*innen unserer Veranstaltungen kennen: in Interviews, Vorträgen, Meditationsübungen, Webinaren, Podcasts sowie Online-Kursen und zahlreichen weiteren Ressourcen.

www.arbor-online-center.de